BIBLIOTHÈQUE

DE

L'UNIVERSITÉ DE BORDEAUX

SECTION CENTRALE

PÉRIODIQUES

BORDEAUX

IMPRIMERIES GOUNOUILHOU

9-11, RUE GUIRAUDE, 9-11

—

1916

BIBLIOTHÈQUE

DE

L'UNIVERSITÉ DE BORDEAUX

SECTION CENTRALE

———

PÉRIODIQUES

BORDEAUX

IMPRIMERIES GOUNOUILHOU

9-11, RUE GUIRAUDE, 9-11

—

1916

Le présent fascicule est uniquement consacré aux périodiques (et principales collections en cours de publication) existant à la *section centrale* de la Bibliothèque de l'Université de Bordeaux. On ne s'étonnera point de n'y pas trouver d'importantes séries historiques et scientifiques appartenant aux *sections de droit et de médecine*, le catalogue des périodiques de ces deux sections devant faire ultérieurement l'objet de deux fascicules semblables à celui-ci.

Outre les services qu'il est appelé journellement à rendre, ce catalogue imprimé permettra d'embrasser d'un coup d'œil le développement pris par une grande bibliothèque universitaire de province, dans un champ bien déterminé de son activité, entre deux dates d'une haute signification historique : 1870, où la présence du gouvernement de la République à Bordeaux a marqué sa naissance, et 1914, où le retour à Bordeaux de ce même gouvernement a suspendu sa vie normale, et l'a associée durant plusieurs mois à l'œuvre de la défense nationale.

E. B.

Décembre 1915.

PÉRIODIQUES

Abhandlungen der Klasse für Philosophie, Geschichte und Philologie der königlich böhmischen Gesellschaft der Wissenschaften, 7e série, II-IV (1887-1888 à 1890-1891). — *Prag*, 4º. **11888**

Abhandlungen der mathematisch-physischen Classe der königlich sächsischen Gesellschaft der Wissenschaften, I-XI (1852-1878). — *Leipzig*, 4º. **15151**

Abhandlungen der schweizerischen paläontologischen Gesellschaft.
Voyez : *Mémoires de la Société paléontologique suisse.*
7097

Abhandlungen zur Geschichte der Mathematik (puis : Abhandlungen zur Geschichte der mathematischen Wissenschaften mit Anschluss ihrer Anwendungen), I (1877) et s. — *Leipzig*, 8º. **8328**

Academia das sciencias de Lisboa. Actas das sessões da primeira classe, II (1905-1910). — *Lisboa*, 8º.
8401 (1)

Academia das sciencias de Lisboa. Boletim da segunda classe, IV (1910-1911) et s. — *Lisboa*, 8º.
8401 (2)

Académie des sciences, belleslettres et arts de Bordeaux. Séances publiques, 1820-1822, 1824-1837. — *Bordeaux*, 8º. **8000**
Pour la suite, voyez : *Actes de l'Académie...*

Académie royale de Belgique.
Voyez : *Bulletins de l'Académie royale...*
8386

Academy (the), XXI-LXXXI (1882-1911). — *London*, 4º . **7041**

Acta eruditorum... ann. 1682-1731, (suppl. I-X) (indices). — *Lipsiae*, 4º. **33275**
Pour la suite, voyez : *Nova acta eruditorum.*

Acta et commentationes Universitatis jurievensis (olim dorpatensis), 1893 et s. — *Jurief (Dorpat)*, 8º.
7186

Acta mathematica, I (1882) et s. (table t. 1 à 35). — *Stockholm-Berlin-Paris*, 4º. **7093**

Acta Societatis regiae in Anglia, auctore H. Oldenbaghio. — *Amstelodami*, 1674-1681, in-12. **7050**
Pour la suite, voyez : *Philosophical transactions of the Royal society.*

Acta Universitatis lundensis, t. XVII-XL (1880-1904); nouv. sér., partie I, t. 1 (1905) et s., partie II, t. 1 (1905) et s. — *Lund*, 4º et 8º.
7176

Actes de l'Académie des sciences, belles-lettres et arts de Bordeaux, I (1839), IV (1842) et s. (table 1712-1875). — *Bordeaux*, 8º. **8000**
Pour la tête, voyez : *Académie des sciences... de Bordeaux. Séances publiques.*

Actes de la Société helvétique des sciences naturelles, 91e session (Glaris, 1908). — *Aarau*, 8º. **45117**

Aérophile (l'), revue mensuelle illustrée de l'aéronautique et des sciences qui s'y rattachent, VIII-XV (1900-1907). — *Paris*, 4º. **11854**

Almanach de Gotha, ann. LVIII (1821) et s. — *Gotha*, in-12. **8008**

Almanach de l'Université royale de France, 1839-1843, 1846-1847. — *Paris*, 8°.   **33278**

Almanach des Muses, ann. 1765-1772, 1775-1780, 1782-1783. — *Paris*, in-12.   **47419**

Alte (der) Orient, I (1900) et s. — *Leipzig*, 8°.   **8363**

American (the) catalogue, ann. 1884-1910. — *New-York*, 4°.   **7042**

American (the) historical review, XXI (1915-1916) et s. — *Lancaster-New-York-London*, 8°.   **7078**

American chemical journal, XIV-L (1892-1913), (tables t. 1-10, 11-20, 21-50). — *Baltimore*, 8°.   **8245**

American journal of archaeology (and of the history of the fine arts), 1re série, I-XI (1885-1896), 2e série, I (1897) et s. — *Boston*, puis *Norwood*, 8°.   **8288**

American journal of mathematics, I (1878) et s. — *Baltimore*, 4°.   **7216**

American journal of philology, X (1889) et s. — *Baltimore*, 8°.   **8291**

American journal of science, 1re, 2e et 3e séries (1818-1895), 4e série, I (1896), et s. (tables décennales). — *New-Haven*, 8°.   **8267**

American museum journal, I (1901) et s. — *New-York*, 8°.   **7323**

Ami (l') de la religion, t. 168-170 (1855), 172-180 (1856-1857). — *Paris*, 8°.   **33301**

Ami (l') des champs, journal d'agriculture du département de la Gironde, I-VIII (1823-1830). — *Bordeaux*, 8°.   **47185**

Analecta bollandiana, I (1882) et s. — *Bruxelles*, 8°.   **8232**

Analecta juris pontificii, I-XXIII (1852-1884). — *Roma*, in-f°.   **2363**

Anales de la Universidad de Oviedo, II (1902-1903) et s. — *Oviedo*, 8°.   **8398**

Analyst (the), XVII (1892) et s. — *London*, 8°.   **8284**

Anecdota oxoniensia : classical series (1882), I et s.; semitic series (1882), I et s.; medieval and modern series (1882), I et s.; aryan series (1881), I et s. — *Oxford*, 4°.   **7190**

Annaes scientificos da Academia polytechnica do Porto, VI (1911) et s. — *Coimbra*, 8°.   **8131**

Annalen der Chemie (Justus Liebig), d'abord sous le titre : Annalen der Pharmacie, I-XXXII (1832-1840), puis sous le titre : Annalen der Chemie und Pharmacie XXXIII-CLXXII (1841-1874), puis sous le titre : Annalen der Chemie, CLXXIII (1874) et s. (suppl. 1 à 8) (tables t. 1-380). — *Lemgo - Heidelberg*, puis *Leipzig*, 8°.   **8256**

Annalen der Hydrographie und maritimen Meteorologie, t. XXVIII (1900) et s. — *Hambourg*, 4°.   **7289**

Annalen der Pharmacie.
Voyez : *Annalen der Chemie.*   **8256**

Annalen der Physik und Chemie (Poggendorf) (2e série des Annalen der Physik, de Gilbert), I-CLX (1824-1876) (Ergänzungsbande 1-7, Jubelband, tables), nouvelle (3e) série (Wiedemann), I-LXIX (1877-1899) (table); 4e série, I (1900) et s. — *Leipzig*, 8°.   **8059**
Pour les *Beiblätter*, voyez ce mot.

Annales de bibliographie théologique, I-II (1888-1889). — *Paris*, 8°.   **41301**

Annales de Bretagne, I (1885-1886) et s. (tables 1886-1897, 1897-1910). — *Rennes*, 8°.   **8141**

Annales de chimie.
Voyez : *Annales de chimie et de physique.*   **8057**

Annales de chimie et de physique, séries 1 à 8 (1789-1913) (tables par séries); 9e série : 1° Annales de chimie, I (1914) et s.; 2° Annales de physique, I (1914) et s. — *Paris*, 8°.   **8057**

Annales de géographie, I (1891) et s. (tables 1891-1901, 1902-1911). — *Paris*, 8°.   **7240**

Annales de l'Académie d'archéologie de Belgique, 2e série, I-X (1865-1874); 3e série, I-X (1875-1884); 4e série, I-VI (1885-1890). — *Anvers*, 8°.   **44662**

Annales de l'Ecole libre des sciences politiques (puis : Annales des sciences politiques, puis : Revue des sciences politiques), I (1886) et s. — *Paris*, 8°.   **8144**

Annales de l'enseignement supérieur de Grenoble (puis : Annales de l'Université de Grenoble), I (1889) et s. (tables t. 1 - 20). — *Paris-Grenoble*, 8°.   **8221**

Annales de l'Est, 1re série, I-X (1887-1904); 2e série (sous le titre : Annales de l'Est et du Nord), I-V (1905-1909); 3e série, I (1910) et s. (table de la 1re série à la fin de 1904, table de la 2e série et des dix premières années de la 3e série formant le fasc. 2 de l'année 1911).— *Nancy*, puis *Paris-Nancy*, 8°.   **8149**

Annales de l'extrême Orient, I (1878-1879). — *Paris*, 4°.   **11769**

Annales de l'Institut colonial de Marseille (puis : Annales du Musée colonial de Marseille), I (1893) et s. — *Marseille*, 8°.   **8260**

Annales de l'Institut océanographique (Fondation Albert Ier, prince de Monaco), I (1909) et s. — *Paris*, 4°.   **7398**

Annales de l'Institut Pasteur, I (1887) et s. — *Paris*, 8°.   **8165**

Annales de l'Observatoire astronomique, magnétique et météorologique de Toulouse, I (1880) et s. — *Toulouse*, 4°.   **7291**

Annales de l'Observatoire d'astronomie physique de Paris (sis parc de Meudon), I (1896) et s. — *Paris*, 4°.   **7261**

Annales de l'Observatoire de Bordeaux, I (1885) et s. — *Paris-Bordeaux*, 4°.   **7252**

Annales de l'Observatoire de Moscou, I-X (1874-1884). — *Moscou*, 4°.   **15148**

Annales de l'Observatoire de Paris : 1° Mémoires, I (1855) et s.; 2° Observations, I (1858) et s. — *Paris*, 4°.   **7065, 7066**

Annales de l'Observatoire royal de Belgique, nouvelle série : Annales astronomiques, II (1879) et s.; Physique du globe, I (1904) et s. — *Bruxelles*, 4°.   **7336**

Annales de l'Université de Grenoble.

Voyez : *Annales de l'enseignement supérieur de Grenoble.*   **7113**

Annales de l'Université de Lyon, I-XL (1891-1898), nouv. série (sciences-médecine), I (1899) et s., (droit-lettres), I (1899) et s. — *Paris-Lyon*, 8°.   **7250**

Annales de la Faculté des lettres d'Aix, I (1907) et s. — *Paris-Marseille*, 8°.   **8346**

Pour la tête, voyez : *Annales des Facultés de droit et des lettres d'Aix.*

Annales de la Faculté des lettres de Bordeaux, I-V (1879-1883), nouv. série. 1-XI (1884-1894) (tables t. 1-20). — *Bordeaux-Paris*, 8°.
                    7014, 7015

Pour la suite, voyez : *Revue des Universités du Midi*, et le suivant :

Annales de la Faculté des lettres de Bordeaux et des Universités du midi..., 4e série des Annales de la Faculté des lettres de Bordeaux, XXI et s. 1° Revue des études anciennes, 1899 et s.; 2° Revue des lettres françaises et étrangères, 1899-1900; 3° Bulletin hispanique, 1899 et s.; 4° Bulletin italien, 1901 et s. — *Bordeaux*, 8°.   **7014, 7015**

Annales de la Faculté des lettres de Caen, I-II (1885-1886). — *Paris*, 8°.   **41617**

Annales de la Faculté des sciences de Marseille, II (1892) et s. — *Marseille-Paris*, 4°.   **7255**

Annales de la Faculté des sciences (puis : Annales de la Faculté des sciences de l'Université) de Toulouse, I-XII (1887-1898); 2e série, I (1899) et s. — *Paris*, 4°.   **7111**

Annales de la propagation de la foi, I-L (1822-1878) (table 1822-1853). — *Paris*, 8°.   **48260**

Annales de la Révolution, I-III (an II), V-VI (an III). — *Rouen*, 8°.   **30039**

Annales de la Société entomologique de France, II (1833) et s. (table 1832-1860). — *Paris*, 8°.   **8296**

Annales de la Société Jean-Jacques Rousseau, I (1905) et s. — *Genève-Paris-Leipzig*, 8°.   **8371**

Annales de la Société scientifique de Bruxelles, XV (1890) et s. (table t. 1-25). — *Paris-Bruxelles*, 8º.   **8343**

Annales de mathématiques pures et appliquées, I-XXII (1810-1832). — *Nîmes-Paris*, puis : *Paris*, 4º.   **10800**

Annales de micrographie, I-VII (1888-1895). — *Paris*, 8º.   **41562**

Annales de paléontologie, I (1906) et s. — *Paris*, 4º.   **7360**

Annales de philosophie chrétienne, nouv. série, II-X (1879-1884), 4e série, I-II (1905-1906), IV-XVI (1907-1913). — *Paris*, 8º.   **8095**

Annales de physique.
Voyez : *Annales de chimie et de physique.*   **8057**

Annales des Facultés de droit et des lettres d'Aix, I-II (1905-1906). — *Paris-Marseille*, 8º.   **8346**
Pour la suite, voyez : *Annales de la Faculté des lettres d'Aix.*

Annales des mines, séries I à IX (1816-1901), série X, I (1902) et s. (tables par séries). — *Paris*, 8º.   **8070**

Pour la tête, voyez : *Journal des mines.*

Annales des sciences d'observations, I-IV (1829-1830). — *Paris*, 8º.   **32609**

Annales des sciences géologiques, I-XXII (1869-1889). — *Paris*, 8º.   **47003**

Annales des sciences naturelles, I-XXX (1824-1833) (table). — *Paris*, 8º.   **8082**
Continué par les deux suivants :

Annales des sciences naturelles. Botanique, 2e, 3e, 4e, 5e, 6e, 7e et 8e séries (1834-1905), 9e sér., I (1906) et s. (tables par séries). — *Paris*, 8º.   **8082**

Annales des sciences naturelles. Zoologie, 2e, 3e, 4e, 5e, 6e, 7e et 8e séries (1834-1905), 9e sér., I (1906) et s. (tables par séries). — *Paris*, 8º.   **8083**

Annales des sciences naturelles de Bordeaux et du Sud-Ouest, 1882-1886. — *Bordeaux*, 8º.   **45624**

Annales des sciences politiques.
Voyez : *Annales de l'Ecole libre des sciences politiques.*   **8144**

Annales du Bureau central météorologique de France, années 1877 et s. — *Paris*, 1880 et s., 4º.   **7094, 1079**

Annales du Bureau des longitudes et de l'Observatoire astronomique de Montsouris, I-III (1877-1883). — *Paris*, 4º.   **11466**

Annales du Midi (1889) et s. (table des t. 1 à 10 à la fin du t. 10). — *Paris*, 8º.   **7119**

Annales du Musée colonial de Marseille.
Voyez : *Annales de l'Institut colonial de Marseille.*   **8260**

Annales du Musée d'histoire naturelle de Marseille, I (1882-1883) et s. — *Marseille*, 4º.   **7104**

Annales du Muséum d'histoire naturelle, I-XX (1802-1813) (table). — *Paris*, 4º.   **7080**
Pour la suite, voyez : *Mémoires du Muséum...*

Annales mycologici, X (1912) et s. — *Berlin*, 8º.   **8081**

Annales révolutionnaires, I (1908) et s. — *Paris*, 8º.   **8381**

Annales scientifiques de l'Ecole normale supérieure, I-VII (1864-1870), 2e série, I-XII (1872-1883); 3e série, I (1884) et s. (tables : 1re et 2e séries; 3e série, t. 1 à 10). — *Paris*, 4º.   **7055**

Annales scientifiques de l'Université de Jassy, I (1910) et s. — *Jassy*, 8º.   **8344**

Annales télégraphiques, I-VIII (1858-1865). — *Paris*, 8º.   **32917**

Annales universitaires de l'Algérie, publication de la Société des amis de l'Université d'Alger, I (1912) et s. — *Alger*, 8º.   **8405**

Annali dell'Instituto di corrispondenza archeologica, I-XI (1829-1839), XXII-XXV (1850-1853), XXIX-XLIX (1857-1879). — *Roma*, 8º.   **40498**

Annali della R. Scuola normale superiore di Pisa, filosofia e filologia; ann. 1873. — *Pisa*, 8º.   **45119**

Annali di matematica pura e applicata, I-VII (1858-1866); 2e série, I-XXVI (1867-1898); 3e série, I (1899) et s. (tables 1858-1866, 1867-1898). — *Roma-Milano*, 4º.   **7215**

Annali di scienze matematiche e fisiche, I-VIII (1850-1857). — *Roma*, 8°. **8110**

Annals of botany, I (1887) et s. (tables décennales). — *London*, 8°. **8308**

Année (l') biologique, I (1895) et s. — *Paris*, 8°. **8119**

Année (l') électrique, I-VIII (1885-1892). — *Paris*, in-12. **48455**

Année (l') historique, I-III (1860-1862). — *Paris*, in-12. **40491**

Année (l') musicale, I (1911) et s. — *Paris*, 8°. **8235**

Année (l') philosophique, I (1890) et s. — *Paris*, 8°. **8010**

Année (l') politique, I-III (1874-1876). — *Paris*, in-12. **40496**

Année (l') psychologique, I (1894) et s. — *Paris*, 8°. **8236**

Année (l') scientifique, II-IV (1858-1860). — *Paris*, in-12. **32645**

Année (l') sociologique, I (1898) et s. — *Paris*, 8°. **8259**

Annuaire astronomique de l'Observatoire royal de Belgique, années 1901 et s. — *Bruxelles*, in-16 et in-12. **8358**

Annuaire-bulletin de la Société de l'histoire de France, ann. 1887 et s. (table 1885-1910). — *Paris*, 8°. **8148**

Annuaire de chimie, ann. 1845-1851. — *Paris*, 8°. **33097**

Annuaire de l'Académie royale des sciences et belles-lettres de Bruxelles (puis : Annuaire de l'Académie royale des sciences, des lettres et des beaux-arts de Belgique), ann. 1845-1865, 1867 et s. — *Bruxelles*, 8°. **8387**

Annuaire de l'Association pour l'encouragement des études grecques en France, I-XXI (1869-1887) (table générale). — *Paris*, 8°. **40494**

Annuaire de l'Institut des provinces, des sociétés savantes et des congrès scientifiques, 2° série, I-XI (1859-1869). — *Paris-Caen*, 8°. **47182**

Annuaire de l'instruction publique, ann. 1851, 1853-1858, 1860-1864, 1866-1867, 1869-1874, 1878, 1879-1880. — *Paris*, 8°. **33279**

Annuaire de l'Observatoire de Montsouris (puis : Annuaire de l'Observatoire municipal de Paris, dit Observatoire de Montsouris), 1875-1900. — *Paris*, in-12. **8066**

Annuaire de la Faculté des lettres de Lyon, I-III (1883-1885). — *Paris*, 8°. **41611**

Annuaire de la Fondation Thiers, nouv. série, ann. 1909 et s. — *Issoudun*, 8°. **8394**

Annuaire des cours de l'enseignement supérieur, 1882-1883. — *Paris*, 8°. **44637**

Annuaire des marées des côtes de France, 1848. — *Paris*, 8°. **33245**

Annuaire du Collège de France, I (1901) et s. — *Paris*, 8°. **8293**

Annuaire (Ecole pratique des hautes études, section des sciences historiques et philologiques), ann. 1893 et s. — *Paris*, 8°. **8223**

Annuaire économique de Bordeaux et de la Gironde, 1885. — *Bordeaux*, in-12.• **44636**

Annuaire historique publié par la Société de l'histoire de France, ann. 1837-1863. — *Paris*, in-18. **35800**

Annuaire publié par le Bureau des longitudes, ann. 1830 et s. — *Paris*, in-18. **8065**

Annual (the) of the British school at Athens, I (1894) et s. (table t. 1-16). — *London*, 4°. **7311**

Annual reports of the board of regents of the Smithsonian institution (1854-1859). — *Washington*, 8°. **33263**

Annual reports of the department of interior (Commission of education, Washington), ann. 1888-1889 à 1889-1890, 1893-1894 à 1899-1900, 1901 et s. — *Washington*, 8°. **8154**

Annuario da Universidade de Coimbra, 1884-1888, 1889-1893. — *Coimbra*, 8°. **42747**

Anthropological papers of the American museum of natural history, I (1908) et s. — *New-York*, 8°. **8166**

Anthropologie (l'), I (1890) et s. — *Paris*, 8°. **8067**
Pour la tête, voyez : *Matériaux pour servir à l'histoire... de l'homme.*

Antike Denkmäler, herausgegeben vom kaiserlich deutschen archäologischen Institut, I (1886) et s. — *Berlin*, f°. **1148**

Arbeiten aus dem zoologisch-anatomischen Institut in Würzburg, I -X (1874-1895). — *Würzburg*, 8°. **41486**

Arbeiten aus dem zoologischen Institut der Universität Wien, XIV (1903) et s. — *Wien*, 8°. **8301**

ΑΡΧΑΙΟΛΟΓΙΚΗ Ἐφημερίς.
Voyez : Ἐφημερὶς ἀρχαιολογική. **7106**

Archaeological Institut of America. Supplementary papers of the American school of classical studies in Rom, I (1905). — *New-York*, 4°. **7359**

Archaeologisch - epigraphische Mittheilungen aus• Oesterreich-Ungarn, I-XX (1877-1897). — *Wien*, 8°. **43050**

Archaeologische Zeitung, I-XLIII (1843-1885) (table). — *Berlin*, 4°. **14489**

Archeologo (o) português, I(1895) et s. — *Lisboa*, 8°. **8239**

Archiv der Mathematik und Physik, 1re et 2e séries (1841-1900), 3e série, I (1901) et s. (table 1re et 2e séries). — *Greifswald*, puis *Leipzig*, 8°. **8111**

Archiv der Pharmazie, CCXXXVIII (1900) et s. — *Berlin*, 8°. **8277**

Archiv för mathematik, I (1876) et s. — *Christiania*, 8°. **8117**

Archiv für das Studium der neueren Sprachen und Litteraturen, CX (1903) et s. — *Braunschweig*, 8°. **8322**

Archiv für die Geschichte der Naturwissenschaften und der Technik, I (1909) et s. — *Leipzig*, 8°. **8375**

Archiv für Entwickelungsmekanik der Organismen, I (1895) et s. (table t. 1-25). — *Leipzig*, 8°. **8255**

Archiv für Geschichte der Philosophie, I (1887) et s. (tables t. 1-10, 11-20). — *Berlin*, 8°. **8187**

Archiv für mikroskopische Anatomie, I (1865) et s. (table t. 1-50, 51-60).— *Bonn*, 8°. **8075**

Archiv für Papyrusforschung, I (1901) et s. — *Leipzig*, 8°. **8326**

Archiv für Religionswissenschaft, I (1898) et s. — *Freiburg in Brisgau*, 8°. **8330**

Archiv für systematische Philosophie, I (1895) et s. (table t. 1-15). — *Berlin*, 8°. **8254**

Archives botaniques du nord de la France, I-III (1881-1887). — *Lille*, 8°. **45743**

Archives d'anatomie microscopique, I (1897) et s. — *Paris*, 8°. **8273**

Archives de biologie, I (1880) et s. — *Bruxelles*, 8°. **8115**

Archives de l'art français, nouvelle période, I (1907) et s. — *Paris*, 8°. **8210**
Pour la tête, voyez : *Nouvelles archives de l'art français.*

Archives de l'électricité, I-V (1841-1845). — *Genève-Paris*, 8°. **32916**

Archives de l'Institut botanique de l'Université de Liège, I-II (1897-1900). — *Bruxelles*, 8°. **7175**

Archives de zoologie expérimentale et générale, 1re, 2e, 3e et 4e séries (1872-1909), 5e série, I (1909) et s. — *Paris*, 8°. **8078**

Archives des missions scientifiques et littéraires, 1re série, I-VI (1850-1857), VIII (1859); 2e série, I-VII (1864-1872); 3e série, I-XV *bis* (1873-1890). — *Paris*, 8°. **8020**
Pour la suite, voyez : *Nouvelles archives des missions scientifiques.*

Archives des sciences physiques et naturelles, 1re, 2e et 3e séries (1846-1895) (table 1846-1878), 4e série, I (1896) et s. — *Genève*, 8°. **8203**

Archives du Musée Teyler, I-IV (1868-1878). — *Paris*, 4°. **11006**

Archives du Muséum d'histoire naturelle, I-IV (1839-1844). — *Paris*, 4°. **7080 (4)**

Pour la tête, voyez : *Nouvelles annales du Muséum...;* pour la suite, voyez : *Nouvelles archives...*

Archives du Muséum d'histoire naturelle de Lyon, I-VI (1872-1895). — *Lyon*, f°. **2066**

Archives marocaines, I (1904) et s. — *Paris*, 8°. **8342**

Archives municipales de Bordeaux, I (1879) et s. — *Bordeaux*, 4°. **10089**

Archives néerlandaises des sciences exactes et naturelles, 1re série (1866-1897), 2e série (1898-1911), 3e série, I (1912) et s. — *La Haye*, puis *Harlem*, 8°. **8374**

Archivio di psichiatria, I-XV (1880-1894). — *Torino*, 8°. **8162**

Archivio storico lombardo, 3e série, XV-XX (1901-1903); 4e série, I (1904) et s. — *Milano*, 8°. **8353**

Archivo de investigaciones históricas (España, América española, Filipinas), 1911. — *Madrid*, 4°. **7377**

Archivos do Museu nacional do Rio de Janeiro, VII-VIII (1887-1892). — *Rio de Janeiro*, 4°. **11831**

Archivum franciscanum historicum, I (1908) et s. — *Quaracchi*, 8°. **8369**

Arquivos da Universidade de Lisboa, I (1914). — *Lisboa*, 4°. **7322**

Association française pour l'avancement des sciences, session I (1872) et s. — *Paris*, 8°. **8262**

Astronomische Nachrichten, XII (1835) et s. (tables t. 1-80, 81-120). — *Altona*, 4°. **7064**

Astronomisches Jahrbuch oder Ephemeriden, ann. 1776-1823, 1825-1829 (Supplement-Band I-IV, Erläuterungen I-II, Register). — *Berlin*, 8°. **33242**

Athenaeum (the), ann. 1893 et s. — *London*, 4°. **7244**

Athenaeum (l') belge, II-V (1879-1882). — *Bruxelles*, 4°. **11772**

'ΑΘΗΝΑΙΟΝ, σύγγραμμα περιοδικὸν κατὰ διμηνίαν ἐκδιδόμενον συμπράξει πολλῶν λογίων, I-X (1872-1881). — *Athènes*, 8°. **40708**

Atti della R. Accademia dei Lincei, 2e série, I-II (1873-1876); 3e série, I-XIX (sciences) (1877-1884); 4e série, I-IV (1885-1890). — *Roma*, 4°. **11698**

Atti della R. Accademia delle scienze di Torino, XXI (1885-1886) et s. (tables t. 31-40). — *Torino*, 8°. **8282**

Ausland (das), XLIX-LI (1876-1878). — *München*, 4°. **11590**

Beiblätter zu den Annalen der Physik und Chemie, I (1877) et s. (tables t. 1-15, 16-30). — *Leipzig*, 8°. **8060**

Beihefte zum botanischen Centralblatt, I (1891-1892) et s. — *Cassel*, puis *Dresden*, 8°. **8202 (2)**

Beihefte zur Zeitschrift für romanische Philologie, I (1905) et s. — *Halle*, 8°. **8189(3)**

Beiträge zur alten Geschichte (puis : Klio, Beiträge zur alten Geschichte), I (1902) et s. (Beihefte I et s.). — *Leipzig*, 4°. **7310**

Beiträge zur Biologie der Pflanzen, I (1875) et s. — *Breslau*, 8°. **8089**

Beiträge zur Geschichte der Philosophie des Mittelalters. Texte und Untersuchungen, I (1891) et s. — *Münster*, 8°. **8383**

Beiträge zur Kunde der indogermanischen Sprachen, I-XXX (1877-1906). — *Göttingen*, 8°. **44559**

Beiträge zur vergleichenden Sprachforschung auf dem Gebiet der arischen, celtischen und slavischen Sprachen, I-VIII (1858-1876). — *Berlin*, 8°. **41613**

Beobachtungen mit bemannten, unbemannten Ballons und Drachen sowie auf Berg- und Wolkenstationen.

Voyez : *Observations des ascensions internationales simultanées.*

12998

Bericht über die neuere Literatur zur deutschen Landeskunde, I (1896-1899). — *Berlin*, 4°. **7346**

Berichte der deutschen botanischen Gesellschaft, I (1883) et s. (table, t. 1-20). — *Berlin*, 8°.   **8163**

Berichte der deutschen chemischen Gesellschaft zu Berlin, I (1868) et s. (tables décennales). — *Berlin*, 8°.   **8087**

Berliner philologische Wochenschrift.

   Voyez : *Philologische Wochenschrift.*   **7045**

Berliner Studien für classische Philologie und Archäologie, I-XVI (1883-1896); nouv. série, I-II (1896-1897). — *Berlin*, 8°.   **8279**

Bibliofilia (la), (table 1899-1909). — *Firenze*, 4°.   **7253**

Bibliografie české historie, II (1902) et s. — *Praze*, 8°.   **7356(8)**

Bibliographie annuelle des travaux historiques et archéologiques publiés par les sociétés savantes de la France, ann. 1901-1902 et s. — *Paris*, 4°.   **98127**

Bibliographie der deutschen Rezensionen, I (1900). — *Leipzig*, 4°.   **11606**

Bibliographie der deutschen Zeitschriften-Literatur, I-XVI (1896-1905). — *Leipzig*, 4°.   **11605**

Bibliographie scientifique française, I (1902) et s. — *Paris*, 8°.   **8388**

Bibliographisch-kritischer Anzeiger für romanische Sprachen und Literaturen, herausgegeben vom bibliographischen Bureau in Berlin, nouv. série, I-II (1889-1890). — *Berlin*, 8°.   **42735**

Bibliographisches Repertorium. Veröffentlichungen der deutschen bibliographischen Gesellschaft, I (1904) et s. — *Berlin-Steiglitz*, 4°.   **98205**

Bibliotéka klassiků řeckých a rémských vydávaná III. třídou ceské Akademie Císaře Františka Josefa pro vědy, slovesnost a umění, V (1902) et s. — *Praze*, 8°.   **7356(9)**

Bibliotheca geographica, I (1895) et s. — *Berlin*, 8°.   **8243**

Bibliotheca historica, I-XXIX (1853-1882). — *Gœttingen*, 8°.   **8045**

Bibliotheca historico-naturalis. Verzeichniss der Bücher über Naturgeschichte welche in Deutschland, Scandinavien, Holland, England, Frankreich, Italien und Spanien in den Jahren 1700-1846 erschienen sind. — *Leipzig*, 1846, 8°.   **30004**

   Pour la suite, voyez : *Bibliotheca zoologica.*

Bibliotheca mathematica, 2ᵉ série, I-XIII (1887-1899); 3ᵉ série, I (1900) et s. — *Stockholm-Paris-Berlin*, puis *Leipzig*, 8°.   **8184**

Bibliotheca philologica classica, VII (1880) et s. — *Berlin*, 8°.   **8037**

Bibliotheca zoologica, Verzeichniss der Schriften über Zoologie welche in den periodischen Werke enthalten... und selbstandig erschienen sind, ann. 1846-1860, 1861-1880. — *Leipzig*, 8°.   **30005**

   Pour la tête, voyez : *Bibliotheca historico-naturalis.*

Bibliothek für Philosophie, I (1911) et s. — *Berlin*, 8°.   **8186**

Bibliothèque bretonne-armoricaine, I-II (1893-1896). — *Rennes*, 8°.   **46006, 46007**

Bibliothèque d'étude, publications de l'Institut français d'archéologie orientale, I (1908) et s. — *Le Caire*, 4°.   **7391**

Bibliothèque de bibliographies critiques, I-XVI (1899-1902). — *Paris*, 8°.   **46013**

Bibliothèque de l'École des hautes études, section des sciences naturelles, I-XXXVII (1869-1890). — *Paris*, 8° et f°.   **46981, 2531**

Bibliothèque de l'École des hautes études, sciences philologiques et historiques, I (1869) et s. — *Paris*, 8° et 4°.   **7012**

Bibliothèque de l'École des hautes études, sciences religieuses, I (1889) et s. — *Paris*, 8°.   **7112**

Bibliothèque de l'Institut français de Florence, 1ʳᵉ série, I (1910) et s.; 2ᵉ série, 1 (1910) et s. — *Paris*, 8° et 4°.   **8216, 7269**

Bibliothèque de l'Université de Paris (Sorbonne). Nouvelles acquisitions, ann. 1909 et s. — *Paris*, 8°.   **8018**

Bibliothèque de la Faculté de philosophie et lettres de l'Université de Liège, I (1897) et s. — *Bruxelles,* 8°. **7175**

Bibliothèque de la Faculté des lettres de Lyon, I-XIV (1887-1891). — *Paris,* 8°. **14777 à 14788**

Bibliothèque de la Faculté des lettres (Université de Paris), I (1896) et s. — *Paris,* 8°. **7271**

Bibliothèque des arabisants français, 1re série, I (1905) et s. — *Le Caire,* 4°. **7351**

Bibliothèque des Écoles françaises d'Athènes et de Rome, 1re série, I (1877) et s. — *Paris,* 8°. **8017**

Bibliothèque des Écoles françaises d'Athènes et de Rome, 2e série, I (1882) et s. — *Paris,* 4°. **7037**

Bibliothèque méridionale, 1re série, I (1888) et s.; 2e série, I (1891) et s. — *Toulouse,* 8° et pet. 8°. **7224**

Bibliothèque des Universités du Midi, I (1898) et s. — *Bordeaux,* 8°. **7131, 7274**

Bibliothèques universitaires. Liste alphabétique des nouvelles acquisitions, I (1893-1894) et s. — *Montpellier,* 8°. **8238**

Boletín de la librería, VIII-XXXVI (1880-1908). — *Madrid,* 8°. **7036**

Boletín de la real Academia de la historia, I (1877) et s. — *Madrid,* 8°. **8033**

Boletín de la Sociedad (puis : Bolletí de la Societat) arqueológica luliana, VIII (1899-1900) et s. — *Palma,* 4°. **7285**

Boletín de la Sociedad castellana de excursiones, I (1903) et s. — *S. l.,* 4°. **7397**

Boletín del Ateneo barcelonés, nos 1-6, 8, 10-13 (1879-1882). — *Barcelona,* 8°. **45742**

Bollettino dei musei di zoologia e anatomia comparata dell' Università di Genova, I-CI (1892-1900). — *Genova,* 8°. **45468**

Bollettino del Museo civico di Padova, IV-XI (1901-1908). — *Padova,* 8°. **8347**

Bollettino del R. Comitato geologico d'Italia, ann. 1870 (1-6), 1871-1872. — *Firenze,* 8°. **32611**

Bollettino della Società geologica italiana, XI (1892) et s. — *Roma,* 8°. **8100**

Bonner Jahrbücher des Vereins von Altertumsfreuden in Rheinlande, I (1842) et s. — *Bonn,* 4°. **7298**

Botanical gazette, XXXV (1903) et s. — *Chicago,* 8°. **8306**

Botanisch Jarboek, I-XII (1889-1900). — *Gent,* 8°. **42911**

Botanische Abhandlungen aus dem Gebiete der Morphologie und Physiologie, I-IV (1871-1882). — *Bonn,* 8°. **45623**

Botanische Zeitung, ann. 1802-1807. — *Regensburg,* 8°. **8079**
Pour la suite, voyez : *Flora...*

Botanische Zeitung, I (1843) et s. (table, t. 1-50). — *Leipzig,* 8°. **8080**

Botanischer Jahresbericht (puis : Just's botanischer Jahresbericht). Systematisch geordnetes Repertorium der botanischen Literatur aller Länder, I (1873) et s. — *Berlin,* 8°. **8090**

Botanisches Centralblatt, I(1880) et s. — *Cassel,* 8°. **8202 (1)**
Pour les *Beihefte zum B. C.,* voyez ce mot.

Brain, a journal of neurology, I-VII (1878-1885). — *London,* 8°. **44793**

Bronn's (H. G.) Klassen und Ordnungen des Thier-Reichs wissenschaftlich dargestellt in Wort und Bild, I (1866) et s. — *Leipzig,* 8°. **13242**

Brunn-Bruckmann's Denkmäler griechischer und römischer Skulptur fortgeführt... von Paul Arndt, CI (1900) et s. — *München,* in plano. **1164**

Bulletin administratif du ministère de l'Instruction publique, XXV (1882) et s. — *Paris,* 8°. **8044**

Bulletin archéologique du comité des travaux historiques et scientifiques, ann. 1883 et s. — *Paris,* 8°. **8257**

Bulletin astronomique... publié par l'Observatoire de Paris, I (1884) et s. — *Paris*, 8º. **8150**

Bulletin critique, 1re, 2e et 3e séries (1880-1908). — *Paris*, 8º. **46982**

Bulletin d'histoire ecclésiastique et d'archéologie religieuse des diocèses de Valence, Digne, Gap, Grenoble et Viviers, IV-VI, (1883-1886). — *Romans*, 8º [lacunes]. **46377**

Bulletin d'histoire économique de la Révolution, ann. 1911 et s. — *Paris*, 8º. **8385**
> Pour la tête, voyez : *Commission de recherche et de publication des documents relatifs à la vie économique de la Révolution.*

Bulletin d'histoire et d'archéologie religieuses du diocèse de Dijon, ann. I-II (1883-1884). — *Dijon*, 8º. **48227**

Bulletin de correspondance africaine, I-III (1882-1885). — *Alger*, 4º. **11808**

Bulletin de correspondance hellénique, I (1877) et s. (tables, t. 1-15). — *Athènes-Paris*, 8º. **8069**

Bulletin de dialectologie romane, I (1909) et s. — *Bruxelles*, 8º. **8377**

Bulletin de géographie historique et descriptive, ann. 1886 et s. — *Paris*, 8º. **8153**

Bulletin de l'Académie impériale des Sciences de Saint-Pétersbourg, I-XVIII (1860-1873), XXVI-XXXII (1880-1886); 5e série, II-XXII (1895-1905); 6e série, I (1907) et s. — *Saint-Pétersbourg*, 4º. **7060**
> Pour la tête, voyez : *Bulletin scientifique de l'Académie impériale des sciences de Saint-Pétersbourg.*
> — *Bulletin de la classe physico-mathématique de l'Académie.*

Bulletin de l'art ancien et moderne, ann. 1899 et s. — *Paris*, 4º. **7314**

Bulletin de l'Association du congrès international des chemins de fer, ann. 1910. — *Bruxelles*, 8º. **8397**

Bulletin de l'Association technique maritime, I (1890) et s. — *Paris*, 4º. **7312**

Bulletin de l'École française d'Extrême-Orient, I (1901) et s. — *Hanoï*, 4º. **7302**

Bulletin de l'Institut égyptien, 1899, 1901-1902, 1903, 1904, 1907-1908, 1909-1911. — *Le Caire*, 8º. **8310**

Bulletin de l'Institut français d'archéologie orientale, I (1901) et s. — *Le Caire*, 8º. **7307**

Bulletin de la classe des lettres, sciences morales, beaux-arts (Académie royale de Belgique), ann. 1899 et s. — *Bruxelles*, 8º. **8366**
> Pour la tête, voyez : *Bulletins de l'Académie royale de Belgique.*

Bulletin de la classe des sciences (Académie royale de Belgique), ann. 1899 et s. — *Bruxelles*, 8º. **8366**
> Pour la tête, voyez : *Bulletin de l'Académie royale de Belgique.*

Bulletin de la classe physico-mathématique de l'Académie impériale des sciences de Saint-Pétersbourg, I-XVII (1843-1859). — *Saint-Pétersbourg*, 4º. **7060**
> Pour la tête, voyez : *Bulletin scientifique de l'Académie impériale...*
> Pour la suite, voyez : *Bulletin de l'Académie impériale...*

Bulletin de la Commission archéologique de l'Indochine, ann. 1908 et s. — *Paris*, 8º. **8380**

Bulletin de la Commission météorologique du département de la Gironde, ann. 1908 et s. — *Bordeaux*, 8º. **8395**
> Pour la tête, voyez : *Observations pluviométriques...*

Bulletin de la Commission météorologique du département de la Haute-Garonne, I (1903) et s. — *Toulouse*, 4º. **7320**

Bulletin de la section scientifique de l'Académie roumaine, I (1912-1913) et s. (table t. 1-3, à la fin du t. 3). — *Bucarest*, 8º. **8134**

Bulletin de la Société botanique de France, I (1854) et s. (actes du Congrès de 1867) (table t. 1-40). — *Paris*, 8º. **8088**

Bulletin de la Société chimique de Paris, 2e série (1864-1888); 3e série, (1889-1906); 4e série, I (1907) et s. (tables 1864-1874, 1875-1888, 1889-1898). — *Paris*, 8º. **8058**

Bulletin de la Société d'encouragement pour l'industrie nationale, I (an XI) et s. (tables 1801-1853, 1854-1893). — *Paris*, 4º. **7296**

Bulletin de la Société de géographie, 1re série, I, III-XI, XIII-XX (1824-1833); 2e série, I-XX (1834-1843); 3e série, I-XIV (1844-1850); 4e série, V-VI, X, XIII-XVII (1853-1862) (table des 1re et 2e séries). — *Paris*, 8°. **40488**

Bulletin de la Société de linguistique de Paris, nos 58 (1910) et s. — *Paris*, 8°. **8006**

Bulletin de la Société des amis de l'Université de Bordeaux, I (1891) et s. — *Bordeaux*, 8°. **8215**

Bulletin de la Société des anciens textes français, ann. 1890 et s. — *Paris*, 8° [lacunes]. **8209**

Bulletin de la Société des lettres, sciences et arts de Pau, 2e série, VI-VII (1876-1878). — *Pau*, 8°. **11013**

Bulletin de la Société française de minéralogie, I-XIII (1878-1890). — *Meulan*, 8°. **45245**

Bulletin (puis : Bulletin (Annuaire) de la Société franco-japonaise de Paris, I (1903) et s. — *Paris*, 8°. **7371**

Bulletin de la Société géologique de France, 1re, 2e et 3e séries (1830-1900); 4e série, I (1901) et s. (tables 1830-1843, 1844-1863, 1864-1872, 1872-1892). — *Paris*, 8°. **8142**

Bulletin de la Société internationale des électriciens, I (1884) et s. — *Paris*, 4°. **7374**

Bulletin de la Société mathématique de France, I (1873) et s. (tables t. I-20, 21-30). — *Paris*, 8°. **8315**

Bulletin de la Société nationale des antiquaires de France, ann. 1900-1901, 1903, 1905 et s. — *Paris*, 8°. **8311**

Bulletin de la Société neuchateloise de géographie, VII (1892) et s. — *Neuchatel*, 8°. **8246**

Bulletin de la Société préhistorique de France (puis : de la Société préhistorique française), I (1904) et s. — *Paris*, 8°. **8351**

Bulletin de la Station biologique d'Arcachon (d'abord sous le titre : Société scientifique d'Arcachon, travaux des laboratoires), 1899 et s. — *Paris*, 8°. **8356**

Bulletin de statistique et de législation comparée (Ministère des Finances), ann. 1892 et s. (tables 1877-1896, 1897-1906). — *Paris*, 8°. **8212**

Bulletin des Facultés de Lille, ann. 1889-1907. — *Lille*, 8°. **8200**

Bulletin des humanistes français, 1894-1902. — *Paris*, 8°. **43001**

Bulletin des musées de France, 1908 et s. — *Paris*, 4°. **7031**
Pour la tête, voyez : *Musées et monuments de France.*

Bulletin des musées royaux des arts décoratifs et industriels à Bruxelles, I (1901-1902) et s. — *Bruxelles*, 4°. **7348**

Bulletin des sciences, par la Société philomathique de Paris, I-III (1791-an XII). — *Paris*, 4°. **11012**

Bulletin des sciences agricoles et économiques, I-XIX (1824-1831). — *Paris*, 8°. **33268**

Bulletin des sciences géographiques, économie publique, voyages, I-XXVIII (1823-1831). — *Paris*, 8°. **33270**

Bulletin des sciences mathématiques, astronomiques, physiques et chimiques, I-XVI (1824-31). — *Paris*, 8°. **33266**

Bulletin des sciences mathématiques et astronomiques (Bibliothèque de l'Ecole des hautes études), 1re série, I-XI (1870-1876); 2e série, I (1877) et s. (tables 1870-1876, 1877-1906). — *Paris*, 8°. **8053**

Bulletin des sciences naturelles et de géologie, I-XXVII (1824-1831). — *Paris*, 8°. **33267**

Bulletin des sciences technologiques, I-XIX (1824-1831). — *Paris*, 8°. **33269**

Bulletin des séances de la Société française de physique.
Voyez : *Séances de la Société française de physique.*
48918

Bulletin des services de la carte géologique de France, I (1889-1890) et s. — *Paris*, 8°. **7254**

Bulletin des sociétés savantes, missions scientifiques et littéraires. Comité de la langue, de l'histoire et des arts de la France, I-II (1854-1855). — *Paris*, 8°. **30056**

Bulletin du Comité de la langue, de l'histoire et des arts de la France, I-IV (1852-1857). — Paris, 8º. **30057**

Bulletin du Comité des travaux historiques et scientifiques, section d'histoire, d'archéologie et de philologie (puis : section d'histoire et de philologie), ann. 1882 et s. — *Paris*, 8º. **8258**

Bulletin du Comité des travaux historiques et scientifiques, section des sciences économiques et sociales, ann. 1883 et s. — *Paris*, 8º. **8007**

Bulletin du Comité historique des arts et des monuments, I-IV (1839-1848). — *Paris*, 8º. **47179**

Bulletin du Comité historique des monuments écrits de l'histoire de France (histoire, sciences, lettres), I-III (1849-1852). — *Paris*, 8º. **47184**

Bulletin du Comité international permanent pour l'exécution photographique de la carte du Ciel, I (1892) et s. — *Paris*, 4º. **7376**

    Pour la tête, voyez : *Comité international permanent...*

Bulletin du Ministère des travaux publics. Statistique et législation comparées, ann. 1891, 1892, 1896. — *Paris*, 8º. **45622**

Bulletin du Muséum d'histoire naturelle, I (1895) et s. — *Paris*, 8º. **8253**

Bulletin du parler français au Canada (puis : Parler (le) français), I (1902) et s. — *Québec*, 4º. **7328**

Bulletin épigraphique de la Gaule II-VI (1882-1886). — *Vienne-Paris*, 8º. **46565**

Bulletin franco-italien, III (1910) et s. — *Grenoble*, puis *Florence*, 4º. **7270**

    Pour la tête, formant les deux premières années, voyez : *Italie (l') classique et moderne.*

Bulletin général et universel des annonces scientifiques, I-IV (1823). — *Paris*, 8º. **33265**

Bulletin hebdomadaire de l'Association scientifique de France, I-XVI (1865-1875). — *Paris*, 8º. **44096**

Bulletin hispanique.
    Voyez : *Annales de la Faculté des lettres de Bordeaux.*
    7014, 7015

Bulletin international (Académie des sciences de l'empereur François-Joseph), résumé des travaux présentés, classe des sciences mathématiques, naturelles et de médecine, ann. VI (1901) et s. — *Prague*, 8º. **7356 (3)**

Bulletin international de l'Académie des sciences de Cracovie, classe des sciences mathématiques et naturelles, 1905 et s. — *Cracovie*, 4º. **7389**

Bulletin italien.
    Voyez : *Annales de la Faculté des lettres de Bordeaux.*
    7014, 7015

Bulletin mensuel de l'Académie de Clermont, ann. 1883-1892. — *Clermont-Ferrand*, 8º. **45621**

Bulletin mensuel de l'Observatoire de Montsouris, I-VI (1872-1877). — *Paris*, 4º. **11410**

Bulletin mensuel de la Faculté des lettres de Caen, I-VII (1886-1893). — *Paris-Caen*, 8º. **41617**

Bulletin mensuel de la Faculté des lettres de Poitiers, I-XI (1883-1893). — *Poitiers*, 8º. **41610**

Bulletin mensuel des postes et des télégraphes, ann. 1897 et s. — *Paris*, 8º. **8213**

Bulletin mensuel des publications étrangères reçues par la Bibliothèque nationale, I-XXII (1877-1898). — *Paris*, 8º. **8036**

Bulletin mensuel des récentes publications françaises reçues par la Bibliothèque nationale, ann. 1882 et s. — *Paris*, 8º. **8124**

Bulletin monumental, publié sous les auspices de la Société française d'archéologie, LXVII (1903) et s. — *Paris-Caen*, 8º. **8312**

Bulletin of the American museum of natural history, II (1887-1890) et s. — *New-York*, 8º. **7324**

Bulletin of the archaeological institute of America, I (1900) et s. — *New-York*, 8º. **8391**

Bulletin of the Bureau of standards, I (1904) et s. — *Washington*, 4º. **7372**

Bulletin scientifique de l'Académie des sciences de Saint-Pétersburg, 1835-1842. — *Saint-Pétersburg*, 4°. **7060**

Pour la suite, voyez : *Bulletin de la classe physico-mathématique...*

Bulletin scientifique de la France de la Belgique, XLIII (1909). — *Paris*, 8°. **7394**

Bulletin universitaire de l'École périeure des sciences et des lettres (puis : de l'Académie) d'Alger, I-VII (1887-1893). — *Alger*, 8°. **46406**

Bulletin universitaire de l'enseignement secondaire, 1891. — *Paris*, 8°. **45427**

Bulletins de l'Académie royale de Belgique, XI-XXIII (1844-1856) annexe, LIII-LIV; 2e série, I-L (1857-1880); 3e série, I-XXXVI (1881-1898) (table 1832-1895). — *Bruxelles*, 8°. **8386**

Pour la suite, voyez :
1° *Bulletin de la classe des sciences (Académie royale de Belgique)* ;
2° *Bulletin de la classe des lettres, sciences morales, beaux-arts (Académie royale de Belgique)*.

Bullettino dell' Instituto di corrispondenza archeologica. Bulletin de l'Institut de correspondance archéologique, années 1830-1838; 1850-1853; 1857-1877. — *Roma*, 8°. **40499**

Bullettino della Commissione archeologica municipale (puis : comunale di Roma), I-V (1872-1877); 2e série, VI-XIII (1878-1885); 3e série, XIV (1883) et s. (table 1872-1900). — *Roma*, 4°. **7030**

Bullettino di bibliografia e di storia delle scienze matematiche e fisiche, I-XX (1868-1887). — *Roma*, 8°. **15203**

Butlletí del centre excursionista de Cataluñva, X (1900) et s. — *Barcelona*, 8° [lacunes]. **8271**

Byzantinische Zeitschrift, I (1892) et s. (table t. I-XII). — *Leipzig*, 8°. **8231 (1)**

Byzantinisches Archiv, I (1898) et s. — *Leipzig*, 8°. **8231 (2)**

Cabinet (le) historique, nouv. série, I-III (1881-1883). — *Paris*, 8°. **45466**

Cahiers de la quinzaine, 8e à 15e série (1907-1914). — *Paris*, in-18. **8859**

Caisse des recherches scientifiques. Rapports sur les travaux entrepris, ann. 1905 et s. — *Paris*, 4°. **7390**

Cambridge and Dublin mathematical journal, I-IX (1846-1854). — *Cambridge*, 8°. **8055**

Pour la suite, voyez : *Quarterly journal of pure and applied mathematics.*

Cambridge mathematical journal, I-IV (1841-1845). — *Cambridge*, 8°. **8055**

Pour la suite, voyez : *Cambridge and Dublin mathematical journal.*

Carnegie institution of Washington. Publications, IV (1905) et s. — *Washington*, 8°, 4° et f°. **7344**

Pour les fasc. I à III, voyez: *Carnegie institution of Washington, Year-Book.*

Carnegie institution of Washington. Year Book, I (1902) et s. — *Washington*, 4°. **7343**

Carte photographique du ciel.

Voyez: *Bulletin du Comité international permanent pour l'exécution photographique de la carte du Ciel.* **7376**

Časopis pro pestování mathematiky a fysiky, I-XI (1872-1881). — *Praze*, 8°. **48451**

Catalogo generale della libreria italiana, ann. 1847-1899 (index par matières), suppl. I (1900-1910) et s. — *Milano*, 4°. **14014**

Catalogue des dissertations et écrits académiques provenant des échanges avec les universités étrangères et reçus par la Bibliothèque nationale, années 1882 et s. — *Paris*, 1884 et s., 8°. **7208**

Catalogue des thèses et écrits académiques (Ministère de l'instruction publique), I (1884-1885) et s. (tables quinquennales). — *Paris*, 4°. **7209**

Catalogue général de la librairie française, 1840-1865, 1866-1875, 1876-1885, 1886-1890, 1891-1899, 1900-1905, 1906-1909, 1910-1912 et s. (tables par périodes). — *Paris*, 8°. **35700**

Central Organ für Realschule, I-XII (1873-1884). — *Berlin*, 8°. **8109**

Centralblatt für Mineralogie, Geologie und Paläontologie, ann. 1900 et s. — *Stuttgart*, 8°. **8158 (2)**

Chemical (the) news, LXV (1892) et s. (index, t. 1-100). — *Londres*, 4°.
7067

Ciudad (la) de Dios, XIV (1887) et s. — *Valladolid*, 8°. **8335**
> Pour les vol. I-XII, voyez : *Revista agustiniana.*

Civiltà (la) cattolica, séries 1 à 11 (1850-1882); série 12, I-VI (1883-1884). -- *Firenze*, 8°. **8098**

Classical philology, I (1906) et s. — *Chicago*, 8°. **8354**

Classical (the) review, I (1887) et s. — *Londres-Boston*, 4°. **7266**

Colección de documentos inéditos para la historia de España, I (1842) et s. — *Madrid*, 8°. **8290**

Colección de documentos para el estudio de la historia d'Aragon, I (1905). — *Zaragoza*, 8°. **8334**

Collectanea friburgensia, I-IX (1893-1900); nouv. série, I (1902) et s. — *Frib. Helvet.*, 4° et 8°. **7200**

Collection de documents inédits sur l'histoire économique de la Révolution française, publiés par le ministère de l'Instruction publique, 1906 (sans tomaison) et s. — *Lieu d'édition variable*, 8°.
99200, et divers.

Collection de documents relatifs à l'histoire de Paris pendant la Révolution française, 1888 (sans tomaison) et s. — *Paris*, 4°.
98177, et divers.

Collection de textes pour servir à l'étude et à l'enseignement de l'histoire, I (1886) et s. — *Paris*, 8°.
8211, et divers.

Comité des travaux historiques et philologiques. Comptes rendus du Congrès des Sociétés savantes de Paris et des départements, section des sciences, ann. 1896 et s. — *Paris*, 8°. **8084**

Comité des travaux historiques et scientifiques. Bulletin de la section de géographie, XXVIII (1913) et s. — *Paris*, 8°. **8086**

Comité des travaux historiques et scientifiques, section d'histoire moderne (depuis 1715) et d'histoire contemporaine. Notices, inventaires et documents, I (1913) et s. — *Paris*, 8°.
8105

Comité des travaux historiques et scientifiques.
> Voyez :
> — *Bulletin archéologique du Comité des travaux historiques et scientifiques.*
> **8257**
>
> — *Bulletin du Comité des travaux historiques et scientifiques, section d'histoire, d'archéologie et de philologie.*
> **8258**
>
> — *Bulletin du Comité des travaux historiques et scientifiques, section des sciences historiques et sociales.*
> **8007**

Comité international des poids et mesures, procès-verbaux des séances, 1875-1881. — *Paris*, 8°. **43055**

Comité international permanent pour l'exécution de la carte photographique du ciel, réunions de 1889, 1891, 1896, 1900, 1909. — *Paris*, 4°.
14008
> Pour la suite, voyez : *Bulletin du Comité international permanent...*

Commentationes Societatis regiae scientiarum gœttingensis, historicae et philologicae classis, I-XVI (1778-1805). — *Gœttingen*, 4°.
11003
> Pour la tête, voyez : *Novi commentarii.*

Commentaria Societatis regiae scientificae gœttingensis recentioris, I-VI (1808-1827). — *Gœttingen*, 4°. **11003**

Commission de recherche et de publication des documents relatifs à la vie économique de la Révolution, bulletin trimestriel, ann. 1906-1910. — *Paris*, 8°. **8385**
> Pour la suite, voir : *Bulletin d'histoire économique de la Révolution.*

Commission des méthodes d'essai des matériaux de construction, 1re et 2e sessions (1894-1900). — *Paris*, 4°. **7339**

Commission des monuments et documents historiques de la Gironde, 1840-1855. — *Bordeaux*, 8°. **47176**

Commission internationale de photométrie instituée par le Congrès international du gaz en 1900. Recueil des travaux et compte rendu des séances, session II (1907). — *Paris*, 8°. **8384**

Compte rendu de la Commission impériale archéologique, ann. 1859-1888 (atlas). — *Saint-Pétersbourg*, fº et grand fº.   **2510, 6505**

Compte rendu des séances du Congrès des ingénieurs en chef des associations de propriétaires d'appareils à vapeur, XXX (1906) et s. — *Paris*, 8º.   **8378**

Comptes rendus des séances et travaux de l'Académie des inscriptions et belles-lettres, 1ʳᵉ série, I-VIII (1857-1864); nouv. série, I-VII (1865-1871); 3ᵉ série, I (1872); 4ᵉ série, I (1873) et s. — *Paris*, 8º.   **8019**

Comptes rendus du Congrès international d'archéologie, session I (1905). — *Athènes*, 4º.   **7352**

Comptes rendus du Congrès des sociétés savantes de Paris et des départements, section des sciences.   **8084**

> Voyez : *Comité des travaux historiques. Comptes rendus du Congrès des sociétés savantes…, section des sciences.*

Comptes rendus hebdomadaires des séances de l'Académie des sciences, I (1835) et s. (tables 1835-1865, 1866-1880, 1881-1895). — *Paris*, 4º.   **7053**

Congrès archéologique de France, sessions de 1860, 1862-1867, 1880-1886. — *Paris*, 8º.   **47178**

Congrès des sociétés savantes, section des sciences.   **8084**

> Voyez : *Comptes rendus du Congrès des sociétés savantes.*

Congrès préhistorique de France, comptes rendus, sessions I (1905) et s. — *Paris*, 8º.   **8361**

Congrès scientifique de France, sessions I (1833), IX (1841), X (1842) XI (1843), XIX (1852), XXVIII (1861). — *Paris*, 8º. **33255 à 33260**

Connaissance des temps…, publiée par le Bureau des longitudes, ann. 1830 et s. — *Paris*, 8º.   **8064**

Conservateur (le), I-V (1818-1819). — *Paris*, 8º.   **47022**

Corpo diplomatico portuguez contendo os actos e relaçaões politicas e diplomaticas de Portugal com as diversas potencias do mundo desde o seculo XVI até os nossos dias, publicado de ordem da Academia real das sciencias de Lisboa…, I (1862) et s. — *Lisboa*, 4º.   **98248**

Corpus inscriptionum latinarum, consilio et auctoritate Academiae litterarum regiae borussicae editum, I (1863) et s. — *Berolini*, fº.   **2032**

Corpus inscriptionum semiticarum ab Academia inscriptionum et litterarum humaniorum conditum atque digestum, I (1881) et s. — *Parisiis*, fº et grand fº.   **2189**

Corpus scriptorum ecclesiasticorum latinorum editum consilio et impensis Academiae litterarum caesareae vindobonensis, I (1866) et s. — *Wien*, 8º.   **8156**

Correspondance astronomique, géographique, hydrographique et statistique du baron de Zach, seconde édition, I-XV (1825-1826). — *Gênes*, 8º.   **33238**

Correspondance mathématique (puis : Correspondance mathématique et physique, puis : Correspondance mathématique et physique de l'Observatoire de Bruxelles), I-XI (1825-1839). — *Gand*, puis *Bruxelles*, 8º.   **32913**

Correspondant (le), XXXIII-XLVIII (1854-1859), LII-LXXXIII (1861-1871). — *Paris*, 8º.   **40497**

Cosmos, revue encyclopédique hebdomadaire des progrès des sciences, I-XXV (1852-1864); 2ᵉ série, I-V (1865-1867); 3ᵉ série, I (1867). — *Paris*, 8º.   **33035**

Courrier (le) de Vaugelas, I-X (1868-1881). — *Paris*, 4º.   **14677**

Critica (la), I (1903) et s. (table des t. 1 à 12, à la fin du t. 12). — *Napoli*, 4º.   **8298**

Critique (la) philosophique, I-XXVI (1872-1884); nouvelle série, I-VIII (1885-1889) (table de la 1ʳᵉ série). — *Paris*, 8º.   **46436**

Critique (la) religieuse, I-VII (1878-1885). — *Paris*, 8º.   **46437**

Cultura (la) española, I-XVI (1906-1909). — *Madrid*, 8º.   **45488**

ΔΕΛΤΙΟΝ ἀρχαιολογικόν, ann. 1888-1892. — *Athènes*, 8º.   **42526**

Deutsche Kolonialzeitung, XV (1898) et s. — *Berlin*, 4º.   **7277**

Deutsche Litteraturzeitung, ann. XL (1893). — *Berlin*, 8º.   **11743**

Deutsche Rundschau, XXXVII-XL (1883-1884), XLIX, LIII (1888) et s. — *Berlin*, 8º.   **8140**

Deutsche Rundschau für Geographie und Statistik, XIII (1891) et s. — *Wien*, 8º.   **8206**

Dingler's polytechnisches Journal, CCXV-CCLXXVIII (1874-1890) CCLXXIX (1891) et s. — *Augsburg*, 8º et 4º.   **40501, 7239**
> Pour la tête, voyez : *Polytechnisches Journal.*

Echos d'Orient, I (1897) et s. — *Paris*, 8º.   **7309**

Eclairage (l') électrique, I-XLIII (1894-1907). — *Paris*, 4º.   **14669**

Ecole pratique des hautes études, laboratoire d'histologie... du Collège de France. Travaux, ann. 1874 et s. — *Paris*, 8º.   **7079 (1)**

Ecole pratique des hautes études, physiologie expérimentale. Travaux du laboratoire de M. Marey, ann. 1875-1879. — *Paris*, 8º.   **7079 (2)**

Ecole pratique des hautes études, section des sciences historiques et philologiques. Annuaire, ann. 1893 et s. — *Paris*, 8º.   **8223**

Ecole pratique des hautes études, section des sciences religieuses. Rapports sommaires sur les conférences, ann. 1889-1890 à 1913-1914. Programmes des conférences, ann. 1892-1893 à 1914-1915. — *Paris*, 8º.   **7112**
> Continué par le suivant :

Ecole pratique des hautes études, section des sciences religieuses. Rapports, ann. 1915-1916 et s. Programmes des conférences, ann. 1915-1916 et s. — *Paris*, 8º.   **7112**

Ecole pratique des hautes études.
> Voyez :
> — *Rapport sur l'École des hautes études, section des sciences...*   **45739**
>
> — *Bibliothèque de l'École des hautes études, sciences religieuses.*   **7112**
>
> — *Bibliothèque de l'Ecole des hautes études, sciences philologiques et historiques.*   **7012**
>
> — *Bibliothèque de l'École des hautes études, section des sciences naturelles.*   **46981, 2531**

Ecoles françaises d'Athènes et de Rome.
> Voyez : *Bibliothèque des Ecoles françaises d'Athènes et de Rome.*   **7037, 8017**

Edinburg review, nᵒˢ 313-314 (janvier-avril 1881). — *London*, 8º.   **42745**

Educational (the) times and journal of preceptors, XXVI-XXXIII (1876-1880). — *London*, 4º.   **11728**

Eis und Kälte-Industrie, VI-VIII (1904-1906). — *Berlin*, 4º.   **11844**

Electrical review, L-LII (1902). — *London*, 4º.   **7317**

Electrical world, XXXIX-XLII (1902-1903). — *New-York*, 4º.   **7318**

Electricien (l'), revue générale d'électricité, I-VIII (1881-1884). — *Paris*, 8º.   **44521**

Electrochimie (l'), I-VIII (1895-1902). — *Paris*, 4º.   **11678**

ΈΛΛΗΝΙΚΟΣ φιλολογικὸς σύλλογος (ὁ ἐν Κωνσταντινουπόλει), XIX (1884-1885), XXIV-XXVII (1892-1900).— *Constantinople*, 4º.   **7221**

Enciclopedia (la), revista cientifico-literaria, IV-V (1880-1881). — *Sevilla*, 8º et 4º.   **11727**

Encyclopédie des sciences mathématiques pures et appliquées..., édition française..., I (1904) et s. — *Paris-Leipzig*, 8º.   **99283**

Encyklopedie der mathematischen Wissenschaften mit Einschluss ihrer Anwendungen..., I (1898) et s. — *Leipzig*, 8º.   **98132**

Engler (A.).
> Voyez : *Pflanzenreich (das).*   **98254**

English (the) catalogue of books, an alphabetical list of works publishd in the united kingdom and of the principal works published in America, I (1835-1862) et s. — *London*, 1864, 8º.   **36327**

English (the) historical review, XXVII (1912) et s. (table t. I-XX). — *Londres*, 8º.   **8120**

English (the) review, X (1911-1912) et s. — *Londres*, 8º.   **8114**

Enquêtes et documents relatifs à l'enseignement supérieur, I (1883) et . — *Paris*, 8°. **8226**

Enseignement (l') catholique, moniteur de la chaire, I-XII (1851-1862). — *Paris*, 8°. **47788**

Enseignement (l') secondaire, XVII (1896) et s. — *Paris*, 4°, **7260**

Enseignement (l') secondaire des jeunes filles, I-XV (1882-1896). — *Paris*, 8°. **44800**

ΈΠΙΣΗΜΟΣ ἐφημερὶς τῆς ἐθνοσυνελεύσεως, ann. 1862-1863. — *Athènes*, 4°. **11623**

Eranos. Acta philologica suecana, I (1896) et s. — *Upsaliae*, puis : *Göteborg-Leipzig*, 8 . **8242**

ΈΦΗΜΕΡΙΣ ἀρχαιολογική (puis : Ἀρχαιολογικὴ ἐφημερίς), 3° période, I (1883) et s. — *Athènes*, 4°. **7106**

Ergebnisse und Fortschritte der Zoologie, I (1909) et s. — *Iena*, 8°, **8382**

Etudes de théologie, de philosophie et d'histoire (puis : Études religieuses, historiques et littéraires) publiées par des Pères de la Compagnie de Jésus, 1re série, I-III (1856-1858); 2e série, I-III (1859-1861); 3e série, I-XII (1862-1867); 4e série, I-VI (1868-1870); 5e série, I-XII (1872-1877); 6e série, I-V (1878-1880) (table 1856-1880). — *Paris*, 8°. **33369 à 33372**

Pour la suite, voyez : *Études publiées par des Pères de la Compagnie de Jésus.*

Etudes des gîtes minéraux de la France, publiés sous les auspices de M. le Ministre des travaux publics par le service des topographies souterraines, I (1889) et s — *Paris*, 4°, **7256**

Etudes historiques et religieuses du diocèse de Bayonne, IX-XII (1900-1903). — *Pau*, 8°. **48252**

Etudes publiées par des Pères de la Compagnie de Jésus, XLIII (1888) et s. — *Paris*, 8°. **8272**

Pour la tête, voyez : *Études de théologie, de philosophie et d'histoire...*

Euphorion, Zeitschrift für Literaturgeschichte, I (1894) (suppl. I et s.) — *Bamberg*, 8° **8234**

Les suppl. I à IV à la fin des tomes II à V.

Extraits des procès-verbaux, lettres et mémoires de la Chambre de commerce de Bordeaux, 2e série, I-XVI (1850-1865). — *Bordeaux*, 8°. **47180**

Feuilles d'histoire du XVIIe au XXe siècle, I (1909) et s. — *Paris*, 8°. **8372**

Flora oder allgemeine botanische Zeitung, I (1818) et s. (tables t. 1-25, 26-100). — *Regensburg*, puis *Marburg*, 8°. **8079**

Pour la tête, voyez : *Botanische Zeitung* .

Folk-Lore, transactions of the Folk-Lore society, I (1890) et s. — *London*, 8°. **8263**

Fondation Eugène Piot.

Voyez : *Monuments et mémoires publiés par l'Académie des inscriptions et belles-lettres.* **7259**

Fonti per la storia d'Italia (Istituto storico italiano), I (1887) et s. — *Roma*, 4°. **7334**

Forschungen zur christlichen Literatur und Dogmengeschichte, I (1901) et s. — *Maynz*, 8°. **8275**

Forschungen zur deutschen Geschichte, I-XXVI (1862-1886) (table t. 1-20). — *Göttingen*, 8°. **48456**

Forschungen zur Geschichte des neutestamentlichen Kanons und der altkirchlichen Literatur, I (1881) et s. — *Erlangen-Leipzig*, 8°. **8352**

Fortschritte (die) der Physik, ann. 1845-1902 (tables t. 1-20, 21-43). — *Berlin*, 8°. **8151**

France-Amérique, I (1910) et s. — *Paris*, 4°. **7342**

Französische Studien, I-VII (1881-1889). — *Heilbronn*, 8°. **42939**

Gasmotorentechnik (die), IV-V (1904-1905). — *Berlin*, 4°. **11842**

Gazette archéologique, recueil de monuments de l'antiquité et du moyen-âge, I-XIV (1875-1889) (table). — *Paris*, 4°. **15047**

Gazette des beaux-arts, tables générales (1859-1908). — *Paris*, 4°. **7249**

Gazette spéciale de l'instruction publique, ann. IV (1841). — *Paris*, f°. **2852**

Gazzetta chemica italiana, I (1871) et s. (appendices 1 à 6). — *Roma*, 8°.   **8247**

Geisteswissenschaften (die), I. (1913-1914) et s. — *Leipzig*, 4°.   **7069**

Génie (le) civil, revue des industries françaises et étrangères, I (1880) et s. (tables t. 20-40, 41-60). — *Paris*, 4°.   **7116**

Geographical journal, I (1893) et s. (suppl. I et s.; tables décennales). — *London*, 8°.   **8003**

Geographical magazine, III-V (1876-1878). — *London*, 4°.   **11588**

Geographische Zeitschrift, VI (1900) et s. — *Leipzig*, 8°.   **8269**

Geographisches Jahrbuch, I (1866) et s. — *Gotha*, in-12 et 8°.   **8164**

Geological (the) magazine, or monthly journal of geology (1887) et s. — *London*, 8°.   **8157**

Giornale dantesco, nouv. série, IX (1902) et s. — *Firenze*, 4°.   **7306**

Giornale di filologia romanza, I-II (1878-1880). — *Roma*, 8°.   **45108**
Pour la suite, voyez : *Studi di filologia romanza.*

Giornale di matematiche, I (1863) et s. — *Napoli*, 4°.   **7214**

Giornale per l'abolizione della pena di morte, n°s 1-12 (1861-1865). — *Milano*, 8°.   **33264**

Giornale storico della letteratura italiana, I (1883) et s. (suppl. 1 et s.; table t. 1-50). — *Torino*, 8°.   **8300**

Giornale storico della Lunigiana, I (1909) et s. — *La Spezzia*, 8°.   **8393**

Giornale storico e letterario della Liguria, II-V (1901-1905). — *La Spezzia*, 8°.   **46560**

Glace (la) et les industries du froid, I-IV (1904-1907). — *Paris*, 4°.   **11840**

Göteborgs högskolas årsskrift, I (1895) et s. — *Göteborg*, 8°.   **8248**

Gœthe-Jahrbuch, I (1880) et s. (tables décennales). — *Frankfurt a. M.*, 8°.   **8325**

Griechischen (die) christlichen Schriftsteller der ersten drei Jahrhunderte, herausgegeben von der preussischen Akademie der Wissenschaften, I (1897) et s. — *Leipzig*, 8°.   **99222**

Hermes, Zeitschrift für klassische Philologie, I (1866) et s. (table t. 1-25). — *Berlin*, 8°.   **8028**

Hinrichs' Bücher Katalog, ann. 1851 et s. — *Leipzig*, 4°.   **13131**
Pour la tête, voyez : *Index locupletissimus librorum...*

Histoire de l'Académie royale des inscriptions et belles-lettres, avec les mémoires de littérature provenant des registres de cette Académie, I-L (1736-1808). — *Paris*, 4°.   **7038(1)**
Pour la suite, voyez : *Mémoires de l'Institut national des sciences et arts, classe de littérature et beaux-arts.*

Histoire de l'Académie royale des sciences et belles-lettres de Berlin, ann. 1745-1769. — *Berlin*, 4°.   **11004**
Pour la tête, voyez : *Miscellanea berolinensia...*

Historický archiv vydává I. trida ceské Akademie Císare Frantiska Josefa pro vedy, slovesnost a umení v Praze, XX (1901) et s. — *Praze*, 8°.   **7356(2)**

Historische Vierteljahrschrift, XIII (1910) et s. — *Leipzig*, 8°.   **8392**

Historische Zeitschrift, 1re série (1859-1876); nouv. série (1877-1905); 3e série, I (1906) et s. (tables t. 1-56, 57-96). — *München-Leipzig*, 8°.   **8039**

Ice and refrigeration illustrated, XXX-XXXI (1905-1906). — *Chicago*, 4°.   **11841**

Index locupletissimus (puis : Novus index locupletissimus) librorum qui in Germania et in terris confinibus prodierunt. Vollständiges Bücherlexicon... von Chr. G. Kayser. 1752-1832, 1833-1840, 1841-1846, 1847-1852. — *Leipzig*, 8°.   **13130**
Pour la suite, voyez : *Hinrichs' Bücher Katalog.*

Illustrirte aeronautische Mitteilungen, deutsche Zeitschrift für Luftschiffahrt, VIII-X (1904-1906). — *Strassburg*, 4°.   **11856**

Indogermanische Forschungen, (1891) et s. (suppl. aux t. 19 et 21). — *Strassburg*, 8º. **8364**

Industrie (l') frigorifique, I-III (1903-1905). — *Paris*, 4º. **11843**

Inscriptiones graecae, consilio et uctoritate Academiae litterarum reiae borussicae editae, I (1873) et s. — *Berolini*, fº. **2030**

Institut (l'), journal des académies et sociétés scientifiques de la 'rance et de l'étranger (puis : Journal universel des sciences et des ociétés savantes en France et à 'étranger), 1re série, I-XL (1833-872); 2e série, I-X et XVIII-XXV 1836-1855). — *Paris*, 4º. **11014**

Institut d'estudis catalans. Anuai I (1907) et s. — *Barcelona*, 4º. **7068**

Intermédiaire (l') des mathéma-iciens, I (1894) et s. — *Paris*, 8º. **8228**

Internacia scienca revuo, I (1906) — *Paris*, 4º. **7338**

International catalogue of scientific literature, ann. I (1902) et s — *London*, 8º. **8294**

Inventaire général des richesses d'art de la France, publié avec le concours de l'administration des beaux-arts. Paris : monuments religieux, I (1877) et s.; monuments civils, I (1880) et s. Province : monuments religieux, I (1886) et s.; monuments civils, I (1878) et s. *Paris*, 4º. **98007**

Inventaire sommaire des archives départementales antérieures à 1790. Gironde, I (1877) et s. — *Bordeaux*, 4º. **13089**

Iron (the) and steel magazine, VII-X (1904-1905). — *Boston*, 8º. **8292**
Pour les six premiers volumes formant tête, voyez : *Metallographist (the)*.

Italie (l') classique et moderne, bulletin de l'Association des italianisants du Sud-Est, I (1908-1909). — *Grenoble*, 4º [lacunes]. **7270**
Pour la suite, voyez : *Bulletin franco-italien*.

Jaarboek van de koninglijke Akademie van wetenschappen gevestigd te Amsterdam, ann. 1891 et s. — *Amsterdam*, 8º. **7043 (2)**

Jahrbuch der Automobil- und Motoboot - Industrie, I - II (1904-1905). — *Berlin*, 4º. **11855**

Jahr-Buch der Gesellschaft für lothringische Geschichte und Altertumkunde, I-III (1888-1891), VI (1894) et s. — *Metz*, 4º. **7350**

Jahrbuch der Gœthe-Gesellschaft I (1914) et s. — *Weimar*, 8º. **8400**

Jahrbuch des kaiserlich deutschen archaeologischen Instituts, I (1886) et s. (suppléments 1 et s.) (tables décennales). — *Berlin*, 4º. **7021 (3)**

Jahrbuch für romanische und englische Literatur, I-XII (1859-1871); nouv. série, I-III (1874-1876). — *Leipzig*, 8º. **42187**

Jahrbuch für 1836-1841, 1843-1844. — *Stuttgart-Tübingen*, 8º. **33243**

Jahrbuch. Motorluftschiff-studiengesellschaft zu Berlin, 1906-1907, 1907-1908. — *Berlin*, 8º. **46473**

Jahrbuch über die Fortschritte der Mathematik, I-XX (1868-1887). — *Berlin*, 8º. **45372**

Jahresbericht der deutschen Mathematikervereinigung, I (1890-1891) et s. — *Berlin*, 8º. **8222**

Jahresbericht der Geschichtwissenschaft, XIV-XVII (1891-1894). — *Berlin*, 8º. **43056**

Jahresbericht der königlich böhmischen Gesellschaft der Wissenschaften in Prag, ann. 1879-1882, 1884-1902, 1904-1907, 1910. — *Prag*, 8º. **8103 (2)**

Jahresbericht über die Fortschritte der classischen Altertumswissenschaft, I (1873) et s. (table t. 1-87). — *Berlin*, 8º. **8190**

Jahresberichte für neuere deutsche Litteraturgeschichte, I (1890) et s. — *Berlin*, 4º. **7276**

Jahreshefte des oesterreichischen archäologischen Instituts in Wien, I (1898) et s. — *Wien*, 4º. **7279**

Jahresverzeichniss der an den deutschen Universitäten erschienenen Schriften, I (1885-1886) et s. — *Berlin*, 8º. **7248**

Jenaische Zeitschrift für Medizin und Naturwissenschaft (puis : Jenaische Zeitschrift für Naturwissenschaft), I (1864) et s. (table t. 1-30.) — *Iena*, 8°.   **8073**

John Hopkins University studies in historical and political science, XI (1893) et s. — *Baltimore*, 8°.   **7199**

Jornal de sciencias mathematicas, physicas y naturaes, publicado sub os auspicios da Academia real das sciencias de Lisboa, I (1866) et s. — *Lisboa*, 8°.   **8370**

Journal asiatique, 4ᵉ série, XV-XX (1850-1852); 5ᵉ, 6ᵉ, 7ᵉ, 8ᵉ, 9ᵉ et 10ᵉ séries (1853-1912); 11ᵉ série, I (1913) et s. (tables par séries). — *Paris*, 8°.   **8021**

Journal d'histoire naturelle, I-VII. — *Bordeaux*, 4°, 1882-1888.   **11704**

Journal de chimie et de physique, I-VI (an X-an XII). — *Bruxelles*, 8°.   **35584**

Journal de chimie médicale, I-VII (1825-1831). — *Paris*, 8°.   **35579**

Journal de chimie physique, I (1901) et s. — *Genève-Paris*, 8°.   **8327**

Journal de conchyliologie, 1ʳᵉ, 2ᵉ et 3ᵉ séries (1850-1898), série 4, t. I (1899) et s. (tables 1850-1872, 1873-1892). — *Paris*, 8°.   **8071**

Journal de géologie, I-III (1830-1831). — *Paris*, 8°.   **32610**

Journal de l'anatomie et de la physiologie, I (1864) et s. — *Paris*, 8°.   **8076**

Journal de l'École polytechnique, I-LXIV (an III-1894); 2ᵉ série, I (1895) et s. — *Paris*, 4°.   **7054**

Journal de la physiologie de l'homme et des animaux, I-VI (1858-1863). — *Paris*, 8°.   **32608**

Journal de mathématiques pures et appliquées, 1ʳᵉ série (1836-1855); 2ᵉ série (1856-1874); 3ᵉ série (1875-1884); 4ᵉ série (1885-1894); 5ᵉ série (1895-1904); 6ᵉ série (1905-1914); 7ᵉ série, I (1915) et s. (table 1836-1884). — *Paris*, 8°.   **7056**

Journal de physique, de chimie et d'histoire naturelle (puis : Journal de physique, de chimie, d'histoire naturelle et des arts), XLIV-XCVI (an II-1823). — *Paris*, 4°.   **11011**
Pour la tête, voyez : *Observations sur la physique...*

Journal de physique théorique et appliquée, 1ʳᵉ série (1872-1881); 2ᵉ série (1882-1891); 3ᵉ série (1892-1901); 4ᵉ série, I (1902) et s. (table 1872-1901). — *Paris*, 4°.   **8116**

Journal des amateurs d'objets d'art et de curiosité, IV-XI (1857-1864). — *Paris*, 8°.   **47056**

Journal des arts et manufactures, I-III (an III-an V). — *S. l.*, 8°.   **35581**

Journal des mines, I-XXXVIII (an III-1815). — *Paris*, 8°.   **8070**
Pour la suite, voyez : *Annales des mines.*

Journal des savants, ann. 1816-1827, 1857-1902; nouv. série, 1903 et s. (tables 1816-1858, 1859-1908). — *Paris*, 1816 et s.   **7025**

Journal (le) des sçavants, ann. 1665-1741, 1747-1768, 1774-1777, 1779-1788. — *Paris*, 4°.   **7025**

Journal für die reine und angewandte Mathematik., I (1826) et s. (table t. I-100). — *Berlin*, 4°.   **7057**

Journal für praktische Chemie, I-CVIII (1834-1869) (table); nouv. série, I (1870) et s. (table, t. 1-50). — *Leipzig*, 8°.   **8305**
Pour la tête, voyez : *Journal für technische und œkonomische Chemie.*

Journal für technische und œkonomische Chemie (1828-1833). — *Leipzig*, 8°.   **8305**
Pour la suite, voyez : *Journal für praktische Chemie.*

Journal général de l'instruction publique, IX-XXXIII (1840-1864). — *Paris*, 4°.   **14490**

Journal of anatomy and physiology, XIV-XXI (1879-1887). — *London*, 8°.   **43049**

Journal of applied science, VIII-IX (1877-1878). — *Londres*, 4°.   **11411**

Journal (the) of hellenic studies, I (1880) et s. (planches des t. 1 à 8; tables t. 1-16). — *London*, 8° et f°.   **7238, 6510**

Journal (the) of philology, XVIII-XXVII (1890-1901). — *London-Cambridge*, 8º. **8104**

Journal (the) of the American chemical society, XXXVI (1914) et s. — *Easton*, 8º. **8101**

Journal of theological studies, XI (1910) et s. — *Oxford*, 8º. **8366**

Journal of the Chemical society of London, XXXVII (1880) et s. — *London*, 8º. **8138**

Journal (the) of the institute of metalls, V (1911) et s. — *London*, 8º. **8399**

Just's botanischer Jahresbericht.
Voyez : *Botanischer Jahresbericht.*
8090

Kantstudien, I-XII (1897-1907). — *Hamburg-Leipzig*, 8º. **43561**

Klio.
Voyez : *Beiträge zur alten Geschichte.*
7310

Lanterne (la), nᵒˢ 1 à 14 (1868). — *Paris*, in-16. **47028**

Lectura (la), revista de ciencias y de artes, X (1910) et s. — *Madrid*, 8º. **8128**

Leipziger Studien für klassische Philologie, I-XIX (1878-1899). — *Leipzig*, 8º. **8205**

Literarisches Centralblatt für Deutschland, 1884 et s. — *Leipzig*, 4º. **7101**

Literarisches (das) Echo, XII (1909-1910) et s. — *Berlin*, 4º. **7396**

Livre (le) d'or du Salon de peinture et de sculpture, I-XIII (1879-1891). — *Paris*, 4º. **11276**

Locomotion (la), II-III (1902-1903). — *Paris*, 4º. **11891**

London, Edinburgh and Dublin philosophical magazine.
Voyez : *Philosophical magazine.*
8051

Lumière (la) électrique, I-XLIII (1879-1894). — *Paris*, 4º. **14672**

Lumière (la) électrique, 2ᵉ série, I (1908) et s. — *Paris*, 4º. **7393**

Materiales y documentos de arte española, I-IV (1900-1906). — *Barcelona*, 4º. **7366**

Matériaux pour servir à l'histoire naturelle et primitive de l'homme, I-XXII (1864-1889). — *Toulouse-Paris*, 8º. **40495**
Pour la suite, voyez : *Anthropologie (l').*

Mathematical questions with their solutions from the educational times, I-LXXIV (1864-1901); new series, I (1902). — *London*, 8º. **8054**

Mathematische Annalen, I (1869) et s. (table 1869-1898). — *Leipzig*, 8º. **8113**

Mathematisk tidsskrift, I-VI (1859-1865). — *Kjöbenhavn*, 8º. **43051**

Mélanges d'archéologie et d'histoire (École française de Rome), I (1881) et s. (table t. 1-20). — *Paris-Rome*, 4º. **7039**

Mélanges de bibliographie et d'histoire locale, I-IV (1889-1900). — *Pau*, 8º. **48251**

Mélanges de la Faculté orientale (Université Saint-Joseph), I (1906) et s. — *Beyrouth-Paris*, 8º. **7369**

Mélusine, I-XI (1878-1912) (table générale au t. 11). — *Paris*, 4º. **11785**

Mémoires de l'Académie celtique ou mémoires d'antiquités celtiques, gauloises et françaises, I-V (1807-1810). — *Paris*, 8º. **47181**

Mémoires de l'Académie des inscriptions et belles-lettres, I-XIX (1815-1853), XXI (1857). — *Paris*, 8º. **7038 (3)**
Pour la tête, voyez : *Mémoires de l'Institut national des sciences et des lettres, classe de littérature et beaux-arts.*

Mémoires de l'Académie des sciences de l'Institut de France, I (1818) et s. (table, an VI-1878). — *Paris*, 4º. **7051**

Mémoires de l'Académie des sciences de Saint-Pétersbourg, sciences mathématiques et physiques, 6ᵉ série, I-IX (1830-1859); 7ᵉ série, I-X (1859-1867). — *Saint-Pétersbourg*, 4º. **7059**

Mémoires de l'Académie des sciences morales et politiques de l'Institut de France, 2ᵉ série, I (1837) et s.; savants étrangers, I-II (1841-1847). — *Paris*, 4º. **7103**

Mémoires de l'Académie royale des sciences (Histoire de l'Académie, mémoires de mathématiques et de physique, publications annexes, tables), ann. 1666-1788. — *Paris*, 4º. **7051**

Mémoires de l'Institut national des sciences et arts, classe de littérature et beaux-arts, I-V (an VI-an XII). — *Paris*, 4º. **7038 (2)**

> Pour la tête, voyez : *Histoire de l'Académie des inscriptions.*
> Pour la suite, voyez : *Mémoires de l'Académie des inscriptions et belles-lettres.*

Mémoires de l'Institut national des sciences et arts, classe des sciences mathématiques et physiques, I-XIV (an VI-1815). — *Paris*, 4º. **7051**

> Pour la tête, voyez : *Mémoires de l'Académie royale des sciences.*

Mémoires de l'Institut national genevois, XIX (1901-1909). — *Genève*, 4e. **7395**

Mémoires de la Société archéologique du midi de la France, I-XII (1832-1880). — *Toulouse*, 4º. **11613**

Mémoires de la Société de linguistique de Paris, I (1868) et s. (table t. I à 10). — *Paris*, 8º. **8005**

Mémoires de la Société des sciences physiques et naturelles de Bordeaux, 1re série (1855-1875); 2e série (1876-1883); 3e série (1884-1890); 4e série (1893-1895); 5e série (1896-1901); 6e série, I (1901) et s. (table 1855-1900). — *Bordeaux*, 8º. **8108**

Mémoires de la Société géologique de France, paléontologie, I (1890) et s. — *Paris*, 4º. **7268**

Mémoires de la Société linnéenne de Paris, I (1822), III-V (1825-1827). — *Paris*, 8º. **32055**

Mémoires de la Société nationale des antiquaires de France, X (1899) et s. — *Paris*, 8º. **8311**

Mémoires de la Société paléontologique suisse, I (1874) et s. — *Zurich*, 4º. **7097**

Mémoires de la Société royale du Canada. Transactions of the Royal society of Canada.

> Voyez : *Proceedings and transactions...*.
> **7109**

Mémoires de physique et de chimie de la Société d'Arcueil, I-II (1807-1809). — *Paris*, 8º. **33253**

Mémoires du Muséum d'histoire naturelle, I-XX (1815-1832) (table). — *Paris*, 4º. **7080**

> Pour la tête, voyez : *Annales du Muséum.*
> Pour la suite, voyez : *Nouvelles annales du Muséum.*

Mémoires lus à la Sorbonne dans les séances extraordinaires du Comité impérial des travaux historiques et des sociétés savantes : 1º Histoire, philologie et sciences morales, 1861-1868; 2º Archéologie, 1863-1868. — *Paris*, 8º. **31714, 31715**

Mémoires pour servir à l'explication de la carte géologique détaillée de la France, I (1901) et s. — *Paris*, 4º. **7256**

Mémoires présentés par divers savants à l'Académie des sciences, 1re série (1805-1811); 2e série, I (1827) et s. (table 1806-1877). — *Paris*, 4º. **7052**

Mémoires publiés par les membres de l'Institut français d'archéologie orientale du Caire, I (1902) et s. — *Le Caire*, 4º. **7283 (2)**

Mémoires publiés par les membres de la Mission archéologique française au Caire, I (1889) et s. — *Paris*, 4º. **7283 (1)**

Memoirs of the American museum of natural history, I (1893-1903) et s. — *New-York*, 4º. **7326**

Memoirs of the Indian museum, I (1907-1909) et s. — *Calcutta*, 4º. **7071**

Memoirs of the Royal astronomical society, III-XLVIII (1827-1884). — *London*, 4º. **15149**

Memorial des poudres et salpêtres, I (1882) et s. — *Paris*, 8º. **8136**

Memorial histórico-español, colección de documentos... que publica la real Academia de la historia, I (1851) et s. — *Madrid*, 8º. **8314**

Memorias de la real Academia de la historia, I (1796) et s. — *Madrid*, 4º. **7315**

Memorie della R. Accademia delle scienze di Torino, 2e série, XLI (1891) et s. — *Torino*, 4º. **7303**

Memorie di matematica et di fisica della Società italiana delle scienze, 3e série, I (1867). — *Firenze, 4º.* **11377**

Memorie storiche forogiuliesi, V (1909) et s. — *Cividale del Friuli, puis Udine, 8º.* [lacunes]. **7075**

Messenger (the) of mathematics, I (1871) et s. (table t. 1-25). — *London-Cambridge-Glasgow, 8º.* **8056**

Pour la tête, voyez : *Oxford (the), Cambridge and Dublin messenger of mathematics.*

Metallographist (the), I-VI (1898-1903). — *Boston, 8º.* **8292**

Pour la suite, voyez : *Iron (the) and steel magazine.*

Mettensia. Mémoires et documents publiés par la Société nationale des antiquaires de France, I (1897) et s. — *Paris, 8º.* **8311**

Mind, a quarterly review of psychology and philosophy, I-XVI (1876-1891), nouv. série, I (1892) et s. — *London, 8º.* **8002**

Minerva, Jahrbuch der gelehrten Welt, I (1891-1892) et s. — *Strassburg, in-12.* **8214**

Miscellanea berolinensia ad incrementum scientiarum, ex scriptis Societatis regiae scientiarum exhibitis edita..., I-VII (1710-1743). — *Berolini, 4º.* **11004 (1)**

Pour la suite, voir : *Histoire de l'Académie royale des sciences et belles-lettres de Berlin.*

Miscellanea storica della Valdelsa, VIII (1900) et s. — *Castelfiorentino, 8º* [lacunes]. **8323**

Mission scientifique permanente d'exploration en Indo-Chine, décades botaniques, nos 1 (1906) et s. — *Hanoi, 4º.* **7364**

Mission scientifique permanente d'exploration en Indo-Chine, décades zoologiques, nos 1 (1905) et s. — *Hanoi, 4º.* **7365**

Missions (les) catholiques, I-IV (1868-1872). — *Paris, 4º.* **15412**

Mittheilungen aus dem Maschinen-Laboratorium des Kgl. technischen Hochschule zu Berlin, I-II (1899). — *München-Leipzig, 8º.* **11863**

Mittheilungen aus der zoologischen Station zu Neapel, I-IV (1879-1883). — *Berlin, 8º.* **8106**

Mittheilungen aus Justus Perthes' geographischer Anstalt über wichtige neue Erforschungen auf dem Gesammtgebiet der Geographic, I-XXIV (tables décennales). — *Gotha*, 1855-1878, in-4º. **7004**

Pour la suite, voyez : *Petermann's Mittheilungen...*

Mittheilungen des Coppernicus-Vereins für Wissenschaft und Kunst zu Thorn, I (1878) et s. — *Leipzig, 8º et 4º.* **7077**

Mittheilungen des kaiserlich deutschen archaeologischen Instituts in Athen, I (1876) et s. (tables quinquennales). — *Athen, 8º.* **7021 (1)**

Mittheilungen des kaiserlich deutschen archaeologischen Instituts, römische Abteilung, I (1886) et s. (tables décennales). — *Rom, 8º.* **7021 (2)**

Mittheilungen des Instituts für österreichische Geschichtsforschung VIII (1887) et s. (suppl. 1 et s.) (table t. 1-30). — *Innsbruck, 8º.* **8159**

Mnemosyne, bibliotheca philologica batava, XXI (1893) et s. — *Lugduni-Batavorum, 8º.* **8219**

Modern language notes, XII (1897) et s. — *Baltimore, 4º.* **7301**

Monatliche Correspondenz zur Beförderung der Erd-und Himmelskunde, I-XXVIII (1800-1813). — *Gotha, 8º.* **33237**

Monatshefte für Mathematik und Physik, I (1890) et s. — *Wien, 8º.* **8224**

Mondes (les), revue hebdomadaire des sciences et de leurs applications aux arts et à l'industrie, I-LXV (1863-1884). — *Paris, 8º.* **44055**

Monumenta historica Societatis Jesu a patribus ejusdem societatis edita, I (1894) et s. — *Madrid, 8º.* **99259**

Moniteur scientifique du Dr Quesneville, I (1857) et s. — *Paris, 4º.* **7082**

Monthly notices of the Royal astronomical society, VIII-LXXIII (1848-1913). — *London, 8º.* **8063**

Monumenti, annali e bullettini pubblicati dall' Instituto di corrispondenza archeologica, fasc. 1-2 (1854-1855). — *Roma*, f°. **2498**

Monumenti antichi pubblicati per cura della R. Accademia dei Lincei, I (1890) et s. (atlas). — *Milano*, 4° et f°. **7321, 2534**

Monumenti inediti pubblicati dall' Instituto di corrispondenza archeologica, I-III (1829-1838), V-X (1849-1877). — *Roma*, f°. **1129**

Monuments antiques relevés et restaurés par les architectes pensionnaires de l'Académie de France à Rome, I (s. d.) et s. — *Paris*, f°. **2550**

Monuments et mémoires publiés par l'Académie des inscriptions et belles-lettres (fondation E. Piot), I (1894) et s. — *Paris*, 4°. **7259**

Monuments grecs publiés par l'Association pour l'encouragement des études grecques en France, I-II, n°ˢ 1 à 25 (1872-1897). — *Paris*, 4°. **11830**

Morphologisches Jahrbuch, I (1876) et s. (tables t. 1-20, 21-40). — *Leipzig*, 8°. **8074**

Musée belge de philologie classique, I (1897) et s. — *Louvain*, 8°. **8251**

Musées et monuments de France, revue mensuelle d'art ancien et moderne, I-II (1906-1907). — *Paris*, 4°. **11570**

 Pour la suite, voyez : *Bulletin des musées de France.*

Musei di zoologia e anatomia comparata della R. Università di Genova, ann. 1892-1900. — *Genova*, 8°. **45468**

Muséon (le), VI (1906) et s. — *Louvain*, 8°. **8338**

Muséum d'histoire naturelle. • **7080**

 Voyez :
 — 1° *Annales du Muséum...*
 — 2° *Mémoires du Muséum...*
 — 3° *Nouvelles annales du Muséum...*
 — 4° *Archives du Muséum...*
 — 5° *Nouvelles archives du Muséum...*

Nachrichten von der Gesellschaft der Wissenschaften und der Universität zu Gœttingen, 1867, 1880 à 1886, 1888 et s. — *Gœttingen*, 8°. **8199**

Naturae novitates, Bibliographie neuer Erscheinungen aller Länder auf dem Gebiete der Naturgeschichte und der exacten Wissenschaften, ann. 1879 et s. — *Berlin*, 8°. **8055**

Naturaliste (le), revue illustrée des sciences naturelles, ann. XIV-XXXII (1892-1910). — *Paris*, 4° [lacunes]. **14299**

Nature, a weekly journal of illustrated science, I (1870) et s. — *London*, 4°. **7251**

Nature (la), revue des sciences et de leurs applications, I-V (1873-1877). — *Paris*, 4°. **11412**

Neudrucke von Schriften und Karten über Meteorologie und Erdmagnetismus, I (1893) et s. — *Berlin*, 4°. **98133**

Neue heidelberger Jahrbücher, herausgegeben vom historisch-philosophischen Vereine zu Heidelberg, I (1891) et s. — *Heidelberg*, 8°. **8161**

Neue Jahrbücher für das klassische Altertum, Geschichte und deutsche Literatur und für Pädagogik, vol. 1 (1898) et s. — *Leipzig*, 8°. **7273**

 Pour la tête, voyez : *Neue Jahrbücher für Philologie und Pädagogik.*

Neue Jahrbücher für Philologie und Pädagogik..., CXIX-CXXXVI (1879-1887), CXLVII-CLVI (1893-1897). — *Leipzig*, 8°. **43007**

 Pour la suite, voyez : *Neue Jahrbücher für das klassische Altertum...*

Neues Archiv der Gesellschaft für ältere deutsche Geschichtskunde, I (1876) et s. — *Hannover*, 8°. **8160**

Neues Jahrbuch für Mineralogie, Geologie et Palaeontologie, ann. 1887 et s. (tables quinquennales) (suppl. 7 et s.). — *Stuttgart*, 8°. **8158**

Nieuw Archief voor wiskunde, I-XII (1875-1886). — *Amsterdam*, 8°. **45614**

 Pour la tête, voir : *Wiskundig genootschap.*

Notes and queries, 7ᵉ série, vol. V (janv.-juin 1888). — *London*, 8°. **46005**

Notice sur les travaux personnels des professeurs des Facultés des lettres, I-II (1882-1885). — *Paris*, 4°. **11744**

Notice sur les travaux personnels des professeurs des Facultés des sciences, I-III (1882-1885). — *Paris*, 4º. **11745**

Notices et extraits des manuscrits de la Bibliothèque du Roi (puis : de la Bibliothèque nationale), I (1787) et s. — *Paris*, 4º et in-plano. **7242, 1066**

Notizie degli scavi di antichità, comunicate alla R. Accademia dei Lincei, 1880-1884. — *Roma*, 4º. **11806**

Nouveau bulletin des sciences, par la Société philomathique de Paris, ann. 1807-1826. — *Paris*, 4º. **11012**

Pour la tête, voyez : *Bulletin des sciences...*

Nouveaux mémoires de l'Académie royale des sciences et belles-lettres, 1770-1784. — *Berlin*, 4º. **11004**

Pour la tête, voyez : *Histoire de l'Académie royale des sciences et belles-lettres de Berlin.*

Nouveaux mémoires de l'Académie royale des sciences et belles-lettres de Bruxelles, XIV (1841). — *Bruxelles*, 4º. **11005**

Nouvelle correspondance mathématique, I-VI (1874-1880). — *Liège*, 8º. **32756**

Nouvelle revue rétrospective, I-XX (1894-1904). — *Paris*, in-12. **45720**

Pour la tête, voyez : *Revue rétrospective.*

Nouvelles annales de mathématiques, Iʳᵉ série (1842-1861); 2ᵉ série 1862-1881); 3ᵉ série (1882-1900); 4ᵉ série, I (1901) et s. — *Paris*, 8º. **8052**

Nouvelles annales de philosophie catholique, I-IV (1880-1882). — *Paris*, 8º. **45116**

Nouvelles annales du Muséum d'histoire naturelle, I-IV (1832-1835). — *Paris*, 8º. **7080**

Pour la tête, voyez : *Mémoires du Muséum...*
Pour la suite, voyez : *Archives du Muséum...*

Nouvelles annales publiées par la section française de l'Institut archéologique, I-II (1836-1838). — *Paris*, 8º. **44177**

Nouvelles archives de l'art français, I-VI (1872-1878); 2ᵉ série, I-VI (1879-1885); 3ᵉ série, I-XXII (1884-1885 à 1907). — *Paris*, 8º. **8210**

Pour la suite, voyez : *Archives de l'art français, nouvelle période.*

Nouvelles archives des missions scientifiques et littéraires, I (1891) et s. — *Paris*, 8º. **8020(2)**

Pour la tête, voyez : *Archives des missions scientifiques et littéraires.*

Nouvelles archives du Muséum d'histoire naturelle, 1ʳᵉ série (1865-1874); 2ᵉ série (1878-1887); 3ᵉ série (1889-1898); 4ᵉ série (1899-1908); 5ᵉ série, I (1909) et s. — *Paris*, 4º. **7080**

Pour la tête, voyez : *Archives du Muséum...*

Nouvelles météorologiques, publiées sous les auspices de la Société météorologique de France, I-IX (1868-1876). — *Paris*, 4º. **11409**

Nova acta eruditorum, ann. 1732-1776; suppl. I-VIII (1735-1757). — *Lipsiae*, 4º. **33276**

Pour la tête, voyez : *Acta eruditorum...*

Novi commentarii Academiae scientiarum petropolitanae, I-V (1750-1760). — *Petropoli*, 4º. **7059**

Pour la suite, voyez : *Mémoires de l'Académie impériale des sciences de Saint-Pétersbourg.*

Novi commentarii Societatis regiae scientiarum gœttingensis, I-VII (1769-1776). — *Gœttingen*, 4º. **11003**

Pour la suite, voyez : *Commentationes Societatis regiae scientiarum gœttingensis.*

Nueva colección de documentos inéditos para la historia de España y de sus Indias, I (1892) et s. — *Madrid*, 8º. **8303**

Numismatic (the) chronicle, 2ᵉ série (1861-1880); 3ᵉ série (1881-1900); 4ᵉ série, I (1901) et s. — *London*, 8º. **8229**

Nuovo (il) cimento, ann. XLIII (1897) et s. — *Pisa*, 8º. **8250**

Observations des ascensions internationales simultanées et des stations de montagne et de nuage, 1901-1902. — *Strassburg*, 4º. **12998**

Observations pluviométriques et thermométriques faites dans le département de la Gironde (Commission météorologique ...), ann. 1882-1883 à 1905-1906. — *Bordeaux*, 8°.
8395

Pour la suite, voyez : *Bulletin de la Commission météorologique de la Gironde.*

Observations sur la physique, sur l'histoire naturelle et sur les arts, I-XLIII (1773-1793). — *Paris*, 4°.
11010

Pour la suite, voyez : *Journal de physique, de chimie, d'histoire naturelle et des arts.*

Observatoire national astronomique, chronométrique et météorologique de Besançon, bulletin chronométrique, XVI (1903-1904) et s. — *Besançon*, 4°.
7392

Observatory (the), a monthly review of astronomy, XXXVII (1914) et s. — *London*, 8°.
8126

Old latin biblical texts, I (1883) et s. — *Oxford*, 4°.
7373

Otia merseiana, I (1899) et s. — *Liverpool*, 8°.
8270

Oxford (the), Cambridge and Dublin messenger of mathematics, I-V (1861-1871). — *London-Cambridge*, 8°.
8056

Pour la suite, voyez : *Messenger of mathematics.*

Palaeontographica, Beiträge zur Naturgeschichte der Vorwelt, I (1851) et s. (supplément I et s.; tables t. 1-20, 21-29). — *Cassel*, 4°.
7210

Palaeontographical society, I (1850) et s. — *London*, 4°.
7085

Papers of the British school at Rome, I (1902) et s. — *London*, 4°.
7368

Patrologia orientalis (R. Graffin, F. Nau), I (1907) et s. — *Paris*, 4°.
98250

Parler (le) français.

Voyez : *Bulletin du parler français au Canada.*
7328

Petermann's (Dr **A.)** Mittheilungen aus Justus Perthes geographischer Anstalt, XXV (1879) et s. (tables décennales). — *Gotha*, 4°.
7004

Pour la tête, voyez : *Mittheilungen aus J. Perthes geographischer Anstalt...*

Petermann's Mittheilungen, Ergänzungsbande I (1860) et s. — *Gotha*, 4°.
7005

Pflanzenreich (das), regni vegetabilis conspectus, herausgegeben von A. Engler, I (1900) et s. — *Leipzig*, 8°.
98254

Philologische (puis : Berliner philologische) Wochenschrift, I (1881) et s. — *Berlin*, 4°.
7045

Philologischer Anzeiger, I-XVII (1869-87). — *Gœttingen*, 8°.
40818

Philologus, Zeitschrift für das klassische Alterthum..., I (1846) et s. (supplément I (1860) et s.) — *Gœttingen*, 8°.
8046

Philosophes (les) belges, textes et études, collection publiée par l'Institut supérieur de philosophie de l'Université de Louvain, I (1901) et s. — *Louvain*, 4°.
98242

Philosophical magazine and journal of science, 3e série (1832-1850), 4e série (1851-1875). 5e série (1876-1900), 6e série, I (1901) et s. — *London*, 8°.
8051

Philosophical transactions of the Royal society of London, XLVII (1751) et s., general index (1787), index (1781-1830). — *London*, 4°.
7050

Pour la tête, voyez : *Acta Societatis regiae in Anglia.*

Philosophie (die) der Gegenwart, I (1908-1909) et s. — *Heidelberg*, 8°.
8096

Philosophie (la) pour tous, organe proudhonien, revue philosophique, littéraire et scientifique, I-II (1876-1877). — *Paris*, 4°.
14288

Philosophie (la) positive, I-XVI (1867-1883). — *Paris*, 8°.
36747

Philosophische Studien, I-XX (1883-1904) (table). — *Leipzig*, 8°.
44738

Physical review, XXIV (1907) et s. — *New-York-London*, 8°.
8368

Physikalische Zeitschrift, I (1899) et s. — *Leipzig*, 4°.
7290

Polybiblion, revue bibliographique universelle, XXII-XXIV (1871), XXXI-XXXIX (1881-1883). — *Paris*, 8°.
45451

Polytechnische Bibliothek, I-XX (1866-85). — *Leipzig*, 8°. **45617**

Polytechnisches Journal, I-CXIV (1820-1874) (tables t. 1-78, 9-118, 119-158). — *Stuttgart*, 8°. **40501**

Pour la suite, voyez : *Dingler's polytechnisches Journal.*

Portugalia, I (1899-1903) et s. — *Porto*, 4°. **.7341**

Positions des mémoires présentés l'Ecole normale supérieure pour l'obtention du diplôme d'études sürieures (histoire et géographie), essions de 1896 à 1902. — *Paris*, 8°. **45118**

Positions des mémoires présentés la Faculté des lettres pour l'obention du diplôme d'études supéieures (histoire et géographie), sesions de 1895 à 1907. — *Paris*, 8°. **48464**

ΠΡΑΚΤΙΚΑ τῆς ἐν Ἀθήναις ἀρχαιοογικῆς ἑταιρίας, ann. 1870, 1872 t s. — *Athènes*, 8°. **8123**

Proceedings and transactions puis : Transactions) of the Royal ociety of Canada, I-XII (1882-1894), ᵉsérie, I-XII et suppl. (1895-1906), ᵉ série, I (1907) et s.; (table 1ʳᵉ et ᵉ séries). — *Montréal*, puis *Ottawa*, ᵒ. **7109**

Proceedings of the Geological ociety of London, I-IV (1826-1843). — *London*, 8°. **8068**

Pour la suite, voyez : *Quarterly journal of the Geological society...*

Proceedings of the National cademy of sciences, I (1915) et s. — *Boston-Baltimore*, 8°.

Proceedings of the Royal georaphical society, I-XIV, 1879-1892 supplementary papers I-IV, general ndex). — *London*, 8°. **44522, 44523**

Pour la suite, voyez : *Geographical journal.*

Proceedings of the Royal society f London, XIV (1865) et s. (table 800-1905). — *London*, 8°. **45610, 7361**

Procès-verbaux des séances du omité international des poids et nesures, ann. 1875-1881. — *Paris*, ᵒ. **8092**

Progressus rei botanicae, I (1907) et s. — *Iena*, 8°. **8357**

Publications de la Commission internationale pour l'aérostation scientifique.

Voyez : *Observations des ascensions internationales simultanées et des stations de montagne et de nuage.* **7345**

Publications de l'Ecole des lettres (puis : Publications de la Faculté des lettres) d'Alger, bulletin de correspondance africaine, I (1890) et s. — *Paris*, 8°. **7046**

Publications de l'Institut français d'archéologie orientale, bibliothèque d'étude, I (1908)· et s. — *Le Caire*, 4°. **7391**

Publications of the Folk-Lore society, ann. 1899 et s. — *London*, 8°. **8263, et divers.**

Quarterly (the) journal of microscopical science, XXIV (1884) et s. — *London*, 8°. **8127**

Quarterly journal of pure and applied mathematics, I (1857) et s. — *London*, 8°. **8055**

Pour la tête, voyez : *Cambridge mathematical journal.*

Quarterly journal of the Geological society of London, I (1845) et s. — *Londres*, 8°. **8068**

Pour la tête, voyez : *Proceedings of the Geological society...*

Quellen und Forschungen zur alten Geschichte und Geographie, I (1901) et s. — *Leipzig*, 8°. **8349**

Questions diplomatiques et coloniales, I (1897) et s. — *Paris*, 8°. **8274**

Questions franco-italiennes (Institut français de Florence). — *Grenoble*, 8°. **8217**

Raccolta vinciana, presso l'Archivio storico del comune di Milano, I (1905) et s. — *Milano*, in-12. **8139**

Rapport annuel sur l'état de l'Observatoire de Paris, ann. 1887-1889. 1891 et s. — *Paris*, 4°. **7223**

Rapport sur l'École pratique des hautes études (sections des sciences mathématiques ..., physico-chimiques ..., naturelles ...), ann. 1912-1913, 1913-1914. — *Paris*, 8°. **45739**

Rapports généraux des travaux de la Société philomathique de Paris, I-IV (1788-an VIII). — *Paris*, 8°. **33254**

Rassegna (la).
Voyez : *Rassegna bibliografica della letteratura italiana.* **8266**

Rassegna bibliografica della letteratura italiana (puis : Rassegna (la), VII (1899) et s. —| *Pisa*, puis *Napoli*, 8°. **8266**

Rassegna critica della letteratura italiana, VI (1901) et s. — *Napoli*, 8°. **8283**

Records of the Indian museum, I (1907) et s. — *Calcutta*, 8°. **7070**

Recueil de travaux relatifs à la philologie et à l'archéologie égyptiennes et assyriennes, XXII (1900) et s. (table t. 17-32). — *Paris*, 4°. **7295**

Recueil de travaux publiés par la Faculté de philosophie et lettres (Université de Gand), I (1888) et s. — *Gand*, 8°. **7187**

Recueil des historiens des Gaules et de la France, nouvelle édition..., I (1869) et s. — *Paris*, f°. **2062**

Recueil des instructions données aux ambassadeurs et ministres de France depuis les traités de Westphalie jusqu'à la Révolution française..., I (1884) et s. — *Paris*, 8°. **46430**

Recueil des lois et règlements sur l'enseignement supérieur..., I (1789-1847) et s. — *Paris*, 1880 et s. **13342**

Recueil des notices et mémoires de la Société archéologique de la province de Constantine, 2ᵉ série, I-VII (1867-1875). —•*Constantine*, 8°. **40492**

Recueil des ouvrages du Musée de Bordeaux, année 1787. — *Bordeaux*, 8°. **47183**

Recueil des travaux chimiques des Pays-Bas, I (1882) et s. — *Leide*, 8°. **8261**

Recueil des travaux de la Société de sphragistique de Paris (puis : Société de sphragistique de Paris), II-IV (1853-1855). — *Paris*, 8°. **48253**

Rendiconti del Circolo matematico di Palermo, XXIII (1907) et s. — *Palermo*, 8°. **7385**

Répertoire bibliographique des principales revues françaises, I-III (1897-1899). — *Paris*, 8°. **11607**

Répertoire d'art et d'archéologie, ann. I (1910) et s. — *Paris*, 4°. **7329**

Répertoire de chimie pure et appliquée, ann. 1858-1863. — *Paris*, 8°. **41607, 41608**

Répertoire de l'aéronautique, n° 1 (1911) et s. — *Paris*, 8°. **8331**

Répertoire des travaux historiques, I-III (1881-1883). — *Paris*, 8°. **45482**

Répertoire méthodique de l'histoire moderne et contemporaine de la France, ann. I (1898) et s. — *Paris*, 8°. **8299**

Repertorium der Physik, I-VIII (1837-1849). — *Berlin*, 8°. **32914**

Repertorium für experimental Physik, für physikalische Technik, mathematische und astronomische Instrumentenkunde (puis : Repertorium der Physik), XII-XV (1876-1879), XVIII-XXVII (1882-1891). — *München*, 8°. **41609**

Report of the Commissioner of education, ann. 1888-1889, 1889-1890, 1893-1894 et s. — *Washington*, 8°. **8154**

Rerum italicarum scriptores, raccolta degli scrittori italiani dal cinquecento al millecinquecento ordinata da L. A. Muratori, nuova edizione riveduta... con la direzione di Giosuè Carducci e Vittorio Fiorini, I (1900) et s. — *Città di Castello*, 4°. **98210**

Revista agustiniana, I-XIII (1881-1887). — *Valladolid*, 8°. **8335**
Pour la suite, voyez : *Ciudad (la) de Dios.*

Revista crítica de historia y literatura españolas, portuguesas é hispano-americanas, II-VII (1897-1902). — *Madrid*, 4°. **11229**

Revista de Aragón, I-VI (1900-1905). — *Zaragoza*, 8°. **45487**

Revista de archivos, bibliotecas y museos, 3° sér., I (1897) et s. — *Madrid*, 8°. **8204**

Revista de Estremadura, organo de las comisiones de monumentos de las dos provincias, III-VI (1901-1904), IX et s. — *Cáceres*, 8°. **8333**

Revista de filología española, I (1914) et s. — *Madrid*, 8º. **8129**

Revista de la Associación artísico-arqueológica barcelonesa, II-III (1899-1902). — *Barcelona*, 8º. **7284**

Revista de la Facultad de letras y ciencias (Universidad de La Habana), I (1905) et s. — *La Habana*, 8º. **7370**

Revista de la Universidad de Buenos Aires, ann. XI (1914) et s. — *Buenos Aires*, 4º. **7073**

Revista do Museu nacional do Rio de Janeiro, I (1896). — *Rio de Janeiro*, 4º. **11832**

Révolution (la) de 1848, I (1904) et s. — *Paris*, 8º. **8337**

Révolution (la) française, XLIV (1903) et s. — *Paris*, 8º. **8295**

Revue (la), ancienne Revue des revues, XL (1902) et s. — *Paris*, 8º. **8287**

Revue africaine, I-XXI (1856-1877). — *Paris*, 8º. **40493**

Revue anthropologique.
Voyez: *Revue de l'École d'anthropologie de Paris.*
8345

Revue archéologique, nouv. série I-XLIV (1860-1882); 3e série, I-XLI (1883-1902); 4e série, I (1903) et s. tables 1860-1869, 1870-1890). — *Paris*, 8º. **8061**

Revue bénédictine, XXII (1905) et s. — *Abbaye de Mared-sous-Namur*, 8º. **8339**

Revue biblique internationale, X-XII (1901-1903); nouv. série, I (1904) et s. — *Paris*, 8º. **8285**

Revue biologique du Nord de la France, I-VII (1888-1895). — *Lille*, 8º. **43060**

Revue bleue.
Voyez: *Revue politique et littéraire.*
7026

Revue Bossuet, I-VIII (1900-1911) (y compris suppléments et table générale). — *Paris*, 8º. **46423**

Revue bourguignonne de l'enseignement supérieur (puis: de l'Université de Dijon), I (1891) et s. — *Dijon*, 8º. **8207**

Revue celtique, I (1870) et s. — *Paris*, 8º. **8022**

Revue chrétienne, nouv. série, VIII-XV (1891-1894); 3e série, I-VIII (1895-1900). — *Paris*, 8º. **45101**

Revue critique d'histoire et de littérature, I-XVIII (1866-1875); 2e série, I (1876) et s. (tables 1866-1890). — *Paris*, 8º. **8042**

Revue d'anthropologie, I-II(1872-1873). — *Paris*, 8º. **43054**

Revue d'astronomie populaire, I-X (1882-1891). — *Paris*, 4º. **11373**

Revue d'Auvergne, I (1884) et s. — *Clermont-Ferrand*, 8º. **8264**

Revue d'histoire de Lyon, I (1902) et s. — *Lyon*, 8º. **8297**

Revue d'histoire diplomatique, I (1887) et s. — *Paris*, 8º. **8077**

Revue d'histoire ecclésiastique, I (1900) et s. — *Louvain*, 8º. **8286**

Revue d'histoire et de critique musicale.
Voyez: *Revue musicale.*
14608

Revue d'histoire et de littérature religieuses, I-XII (1896-1907). — *Paris*, 8º. **44590**

Revue d'histoire littéraire de la France, I (1894) et s. (tables 1894-1898, 1899-1908). — *Paris*, 8º. **8227**

Revue d'histoire moderne et contemporaine, I (1899-1900) et s. — *Paris*, 8º. **8336**

Revue de dialectologie romane, I (1909) et s. — *Bruxelles*, 8º. **8376**

Revue de Gascogne, XIX-XX (1878-1879); nouv. série, I (1901) et s. — *Auch*, 8º. **7017**

Revue de géographie, I-LIII (1877-1903), LIV-LV (1904-1905) (tables t. 1-13). — *Paris*, 8º et 4º. **48261, 15572**

Revue de géographie... annuelle, I (1906-1907) et s. — *Paris*, 4º. **8362**

Revue de géographie commerciale.
Voyez: *Société de géographie commerciale de Bordeaux.*
8026

Revue de géologie, I-XVI (1861-1878). — *Paris*, 8º.   **45305**

Revue de l'aéronautique théorique et appliquée, I-VIII (1888-1895). — *Paris*, 4º.   **11852**

Revue de l'Afrique française, V-VI (1887-1888). — *Paris-Oran*, 8º.   **44634**

Revue de l'Agenais, XXII (1896) et s. — *Agen*, 8º.   **8276**

Revue de l'art ancien et moderne, I (1897) et s. (table 1897-1909). — *Paris*, 4º.   **7278**

Revue de l'Ecole d'anthropologie de Paris (puis : Revue anthropologique), XV (1905) et s. — *Paris*, 8º.   **8345**

Revue de l'enseignement des langues vivantes, I (1884-1885) et s. — *Le Havre*, puis *Paris*, 8º.   **8130**

Revue de l'enseignement secondaire et de l'enseignement supérieur, 1884-1890. — *Paris*, 8º.   **41616**

Revue de l'histoire des colonies françaises, I (1913) et s. — *Paris*, 8º   **8319**

Revue de l'histoire des religions (Annales du Musée Guimet), I (1880) et s. (tables t. 1-44). — *Paris*, 8º.   **8093**

Revue de l'instruction publique, de la littérature et des sciences en France et dans les pays étrangers, ann. X-XXX (1851-1870), — *Paris*, 4º [lacunes].   **11015**

Revue de l'instruction publique en Belgique, XXXVIII (1895) et s. — *Gand*, 8º.   **8252**

Revue de mécanique, I (1897) et s. — *Paris*, 4º.   **7281**

Revue de métaphysique et de morale, I (1893) et s. — *Paris*, 8º.   **8062**

Revue de métrique et de versification, I (1894-1895). — *Paris*, 8º.   **45740**

Revue de philologie, de littérature et d'histoire ancienne I-II (1845-1865); nouv. série, I (1877) et s. — *Paris*, 8º.   **8025**

Revue de philologie française et étrangère, XVII (1903) et s. — *Paris*, 8º.   **8307**

Revue de philosophie, I (1900) et s. — *Paris*, 8º.   **8320**

Revue de phonétique, I (1911) et s. — *Paris*, 8º.   **8237**

Revue de Saintonge et d'Aunis, XXIII (1903) et s. — *Saintes*, 8º.   **8309**

Revue des bibliothèques, I (1891) et s. (tables t. 1-20). — *Paris*, 8º.   **8355**

Revue des cours littéraires de la France et de l'étranger, I-VII (1863-1870) (table). — *Paris*, 4º.   **7026**
Pour la suite, voyez : *Revue politique et littéraire.*

Revue des cours scientifiques de la France et de l'étranger, I-VII (1863-1870). — *Paris*, 4º.   **7061**
Pour la suite, voyez : *Revue scientifique de la France et de l'étranger.*

Revue des cultures coloniales, II-XIV (1898-1904). — *Paris*, 8º.   **11406**

Revue des deux mondes, tables 1831-1874, 1874-1886, 1886-1893, 1893-1901, 1901-1911. — *Paris*, 8º.   **8147**

Revue des études anciennes.
Voyez : *Annales de la Faculté des lettres de Bordeaux.*   **7014, 7015**

Revue des études grecques, I (1888) et s. — *Paris*, 8º.   **8155**

Revue des études historiques, LXIX (1903) et s. — *Paris*, 8º.   **8313**

Revue des études juives, X-XV (1885-1887). — *Paris*, 8º.   **43000**

Revue des études napoléoniennes, ann. I (1912) et s. — *Paris*, 4º.   **8118**

Revue des études rabelaisiennes, I-X (1903-1912). — *Paris*, 8º.   **8340**

Revue des langues romanes, 1re, 2e, 3e et 4e séries (1870-1897); 5e série, I (1898) et s. — *Montpellier*, 8º.   **8024**

Revue des lettres françaises et étrangères.
Voyez : *Annales de la Faculté des lettres de Bordeaux.*   **7014, 7015**

Revue des parlers populaires, I-III (1902-1904). — *Paris*, 8º. **46014**

Revue des patois gallo-romans, I-V et suppl. au t. V (1887-1893). — *Paris*, 8º. **14810**

Revue des Pyrénées, XVII (1905) et s. — *Toulouse*, 8º. **8350**

Revue des questions historiques, I (1866) et s. (tables t. I-20, 21-40, 41-60). — *Paris*, 8º. **8029**

Revue des questions scientifiques, 1re et 2e séries (1877-1901); 3e série, I (1902) et s. (tables 1877-1901). — *Bruxelles*, puis *Louvain*, 8º. **8102**

Revue des sciences ecclésiastiques, I-XLVIII (1860-1883). — *Paris*, 8º. **8097**

Revue des sciences naturelles, 3e série, I-IV (1881-1884). — *Montpellier*, 8º. **45494**

Revue des sciences politiques.
Voyez : *Annales de l'École libre des sciences politiques.*
8144

Revue des sociétés savantes de la France et de l'étranger, histoire et philologie, archéologie, séries I à VII (1856-1882) (tables générales). — *Paris*, 8º. **40490**

Revue des sociétés savantes, sciences mathématiques, physiques et naturelles, 2e série, I-XI (1867-1877); 3e série, I-III (1878-1880) (table générale). — *Paris*, 8º. **43058**

Revue des travaux scientifiques, III-XVII (1882-1897). — *Paris*, 8º. **43059**

Revue des Universités du Midi.
Voyez : *Annales de la Faculté des llettres de Bordeaux.*
7014, 7015

Revue du dix-huitième siècle, I (1893) et s. — *Paris*, 4º. **7308**

Revue du génie militaire, XI-XII (1896), XIX (1900) et s. (table t. 1-20). — *Paris-Nancy*, 8º. **8329**

Revue du mois, I (1907) et s. — *Paris*, 8º. **3360**

Revue du monde catholique, 3e série, LXI-LXVIII (1880-1881). — *Paris*, 8º. **44650**

Revue du monde musulman, I (1907) et s. (table des t. 1 à 16 formant le t. 17). — *Paris*, 8º. **8367**

Revue du nord, I (1910) et s. — *Lille*, 8º. **8389**

Revue du seizième siècle, I (1913) et s. — *Paris*, 8º. **8185**

Revue égyptologique, I-VIII (1881-1898). — *Paris*, 4º. **11807**

Revue épigraphique, nouv. série, I (1913) et s. — *Paris*, 8º. **8135**

Revue épigraphique du midi de la France, 1884-1898. — *Vienne-Paris*, 8º. **8135**

Revue et magasin de zoologie pure et appliquée, I-XXIII (1849-1872). — *Paris*, 8º. **33271**

Revue française d'Édimbourg, ann. 1897-1899. — *Paris-Edimbourg*, 8º. **42872**

Revue générale de botanique, I (1899) et s. — *Paris*, 8º. **8197**

Revue générale de l'architecture et des travaux publics, ann. 1857-1858. — *Paris*, 4º. **11017**

Revue générale des sciences pures et appliquées, I (1890) et s. (table 1890-1914). — *Paris*, 4º. **7117**

Revue géographique internationale, I-II (1876-1877). — *Paris*, 4º. **11589**

Revue germanique, I (1905) et s. — *Paris*, 8º. **7333**

Revue historique, I (1876) et s. (tables quinquennales). — *Paris*, 8º. **8012**

Revue historique de Bordeaux et du département de la Gironde, I (1908) et s. — *Bordeaux*, 8º. **8365**

Revue historique de la Révolution française (puis : Revue historique de la Révolution française et de l'Empire), I (1910) et s. — *Paris*, 8º. **8099**

Revue historique de Provence, I-II (1901-1902). — *Marseille*, 8º. **46008**

Revue internationale, V-XXVII (1884-1890). — *Florence-Rome*, 8º. **40500**

Revue internationale de l'enseignement, I (1881) et s. — *Paris*, 8º. **8092**

Revue internationale de sociologie, I-VI (1893-1898). — *Paris*, 8°. **45620**

Revue internationale des études basques, I (1907) et s. — *Paris*, 8°. **8390**

Revue internationale des sciences, I-XII (1878-1883). — *Paris*, 8°. **41615**

Revue latine, I-VII (1902-1908). — *Paris*, 8°. **44928**

Revue musicale, I-XI(1901-1911). — *Paris*, 8°. **14608**

•**Revue** musicale, S. I. M., ann. 1912 et s. — *Paris*, 4°. **7313**

Revue mycologique, I-XXI (1879-1899). — *Toulouse*, 8°. **8091**

Revue numismatique, 3ᵉ série (1893-1896); 4ᵉ série, I (1897) et s. — *Paris*, 8°. **8094**

Revue pédagogique, 1ʳᵉ série (1878-1882); 2ᵉ série, I (1882) et s. (table 1878-1892). — *Paris*, in-12 et 8°. **8208**

Revue philomathique de Bordeaux et du Sud-Ouest, I (1897-1898) et s. — *Bordeaux*, 8°. **8265**

Revue philosophique, I (1876) et s. (tables 1876-1887, 1888-1895, 1896-1905, 1906-1912). — *Paris*, 8°. **8009**

Revue (la) politique et littéraire, 2ᵉ série, I-XIX (1871-1880); 3ᵉ série, I-XXVI (1881-1893); 4ᵉ série (avec le sous-titre : Revue bleue), I-XX (1894-1903); 5ᵉ série, I (1904) et s.. — *Paris*, 4°. **7026**

> Pour la tête, voyez : *Revue des cours littéraires.*

Revue rétrospective, I-XIX(1884-1893). — *Paris*, in-12. **45719**

> Pour la suite, voyez : *Nouvelle revue rétrospective.*

Revue scientifique de la France et de l'étranger (avec le sous-titre : Revue des cours scientifiques, puis celui de Revue rose), 2ᵉ série, I-XIX (1871-1880); 3ᵉ série, I-XXVI (1881-1893); 4ᵉ série, I-XX (1894-1903); 5ᵉ série, I (1904) et s. — *Paris*, 1871 et s. **7061**

> Pour la tête, voyez: *Revue des cours scientifiques de la France et de l'étranger.*

Revue scientifique et industrielle, I-XLII (1840-1852) (tables). — *Paris*, 8°. **33036**

Revue tunisienne, I (1894) et s. (table t. 1-20). — *Tunis*, 8°. **8230**

Revue universitaire, I (1892) et s. — *Paris*, 8°. **8321**

Rheinisches Museum für Philologie..., 1ʳᵉ série, I-III (1827-1829); 2ᵉ série, I-VI (1833-1839); nouv. série, I (1842 et s.) (table 1842-1869). — *Bonn*, 8 . **8027**

Rivista delle biblioteche e degli archivi, XIV (1903) et s. — *Firenze-Roma*, 4°. **7337**

Rivista di filologia e di istruzione classica, XXXI (1903) et s. — *Torino*, 8°. **8317**

Rivista di filologia romanza, I-II (1872-1875). — *Imola*, 8°. **45107**

Rivista di storia antica e scienze affini, I-XIII (1895-1909). — *Messina*, puis *Padova*, 8°. **48892**

Rivista italiana di sociologia, IV (1900) et s. — *Roma*, 8°. **8278**

Rivista marittima, X-XI (1877-1878). — *Roma*, 8°. **40489**

Rivista scientifico-industriale, I-XVI (1869-1884). — *Firenze*, 8°. **42766**

Rivista storica italiana, 3ᵉ série, IV (1905) et s. (tables 1884-1901). — *Torino*, 8°. **8332**

Romania, I (1872) et s. (table t. 1-30). — *Paris*, 8°. **8004**

Romanische Studien, I-VI (1871-1895). — *Strassburg*, 8°. **42760**

Rozpravy české Akademie Císaře Františka Josefa pro vědy, slovesnost a umění, třida I (pro vědy filosofické, pravní a historické), IX (1901) et s.; třida II (mathematicko přirodnická), XI (1902) et s.; třida III, XIX (1902) et s. — *Praze*, 8°. **7356 (1)**

Schriften der Gœthe-Gesellschaft I (1885) et s. — *Weimar*, 8°, 4° et f°. **7330, et divers.**

Science (the) reports of the Tôhoku imperial University, serie I (mathematics, physics, chemistry), I (1911-1912) et s. — *Sendai (Japan)*, 4°. **7074**

Science (the) reports of the Tô-hoku imperial University, serie II (geology), I (1912) et s. — *Sendai (Japan)*, f°. **6511**

Scientific (the) proceedings of the Royal Dublin society, nouv. série, I-VI (1877 à 1888-1890). — *Dublin*, 8°. **43057**

Scientific transactions of the Royal Dublin society, nouv. série, I-III (1877-1887). — *Dublin*, 4°. **7083**

Scienza (la) italiana, VII-VIII (1882-1883). — *Bologna*, 8°. **42746**

Séances de la Société française de physique (puis : Bulletin des séances de la Société française de physique), ann. 1887-1910. — *Paris*, 8°. **48918**

Séances et travaux de l'Académie des sciences morales et politiques, XLIII-CXLI (1858-1893). — *Paris*, 8°. **8001**

Service géographique de l'armée, Rapport sur les travaux exécutés, ann. 1906 et s. — *Paris*, 8°. **8396**

Sitzungsberichte der königlich böhmischen Gesellschaft der Wissenschaften in Prag, ann. 1880-1902, 1904-1907, 1909. — *Prag*, 8°. **8103**

Sitzungsberichte der philosophisch-historichen Classe der kaiserlichen Akademie der Wissenschaften zu Wien, I (1848) et s. (tables t. 1-140, 141-150, 151-160, 161-170...). — *Wien*, 8°. **8031**

Skrifter utgifna af kungl. humanistiska vetenskapssamfundet i Uppsala, I (1890) et s. — *Uppsala-Leipzig*, 8°. **8240**

Société archéologique de Bordeaux, II (1875) et s. — *Bordeaux*, 8° **8125**

Société d'études italiennes, bulletins 1-36 (1894-1910). — *Paris*, 8°. **45858**

Société de géographie commerciale de Bordeaux. Bulletin, 2e série, I-XXXV (1878-1912); 3e série (sous le titre : Revue de géographie commerciale), XXXVI (1913) et s. — *Bordeaux*, 8°. **8026**

Société de l'histoire de France. 1833 (sans tomaison) et s. — *Paris*, 8°. **8148**, et divers

Société de sphragistique de Paris.
Voyez : *Recueil des travaux de la Société de sphragistique.* **48253**

Société des anciens textes français, 1875 (sans tomaison) et s. — *Paris*, 8°. **7229, et divers.**

Société des textes français modernes, 1905 (sans tomaison) et s. — *Paris*, in-12. **8402, et divers.**

Société scientifique d'Arcachon.
Voyez : *Bulletin de la Station biologique d'Arcachon.* **8356**

Société technique de l'industrie du gaz en France, comptes rendus des congrès, XXX (1903) et s. — *Paris*, 8°. **8348**

Society (the) for the promotion of the hellenics studies, supplementary papers, nos 1 (1892) et s. — *London*, 4°. **6510**

Sphinx, revue critique embrassant le domaine entier de l'égyptologie, I (1897) et s. — *Upsala*, 8°. **8280**

Studi e documenti di storia e diritto. Studi, fasc. 1 à 25. Documenti, fasc. 1 à 4 (table fasc. 1-21). — *Roma*, 1880-1904, 4°. **11196**

Studi di filologia moderna, IV (1911) et s. — *Pisa*, 8°. **8220**

Studi di filologia romanza, I-IX, 1885-1903. — *Roma*, puis *Torino*, 8° **45109**
Pour la tête, voyez : *Giornale di filologia romanza.*

Studi di storia antica, I (1891) et s. — *Roma*, 8°. **8324**

Studi e materiali di archeologia e numismatica, I (1899) et s. — *Firenze*, 4°. **7340**

Studi e testi, I (1900) et s. — *Roma*, 4° et f°. **7327, 2540**

Studien zur griechischen und lateinischen Grammatik, I-X (1868-1877). — *Leipzig*, 8°. **35543**

Studier i modern sprakvetenskap, I (1898) et s. — *Upsala-Leipzig-Paris-London-Marseille*, 8°. **8316**

Supplementary papers of the American school of classical studies in Rom, I (1905). — *New-York*, 4°.   **7359**

Sveriges offentliga bibliotek (Stockholm, Upsala, Lund, Göteborg), accessions-katalog, XXIII (1908) et s. (table 1896-1905). — *Stockholm*, 8°.   **8403**

Tableaux de population, de culture, de commerce et de navigation..., ann. 1839-1845, 1853. — *Paris*, 8°.   **33274**

Tables annuelles de constantes et données numériques de chimie, de physique et de technologie, I (1910) et s. — *Paris-Leipzig-Londres-Chicago*, 4°.   **7072**

Theologische Literaturzeitung, XXVI (1901) et s. — *Leipzig*, 4°.   **7293**

Tidsskrift för mathematik, I-V (1868-1874). — *Upsala*, 8°.   **48454**

Tidsskrift för mathematik, 1re série (1859-1864); 2e série (1865-1870); 3e série (1871-1876); 4e série (1877-1882); 5e série (1883-1889). — *Kjöbenhavn*, 8°.   **42838**

Tijdschrift over plantenziekten, I-VII (1895-1901). — *Gent*, 8°.   **42913**

Tijdschrift voor reken-, stel- en meetkunde, I-XXV (1856-1877), nouv. série, I-IV (s. d.). — *Amsterdam*, 8°.   **45486**

Tôhoku (the) mathematical journal, II (1912) et s. — *Sendai (Japan)*, 8°.   **8133**

Transactions of the Linnean society of London, 1re série, XX-XXX (1846-1875); 2e série, botany, I (1880), zoology, I-III (1879-1883) (table t. 1-30). — *London*, 4°.   **7084**

Transactions of the Royal society of Canada.
Voyez : *Procedings and transactions...*   **7109**

Travaux et mémoires des Facultés (puis : de l'Université) de Lille, I (1889) et s. (atlas I et s). — *Lille*, 8° et f°.   **8201, 2434, 2455.**

Travaux et mémoires du Bureau international des poids et mesures, I (1881) et s. — *Paris*, 4°.   **7098**

Travaux scientifiques de l'Université de Rennes, I (1901-1902) et s. — *Rennes*, 8°.   **8289**

Université Saint-Joseph (Beyrouth).
Voyez: *Mélanges de la Faculté orientale.*   **7369**

University (the) of Missouri studies, I (1901) et s. — *Columbia, Mo.*, 8° [lacunes].   **7358**

Vedette (la) normande, I-V (an III-an IV). — *S. l.*, 8° [lacunes].   **30040**

Verhandelingen der koninglijke Akademie van wetenschappen te Amsterdam, afdeeling letterkunde, I-XX (1858-1891). — *Amsterdam*, 8°.   **7043**

Verhandlungen der physikalischen Gesellschaft zu Berlin, ann. V-VI (1886-1887). — *Berlin*, 1887-1888, 8°.   **46004**

Verslagen en mededeelingen der koninglijke Akademie van wetenschappen, afdeeling letterkunde, 2e série, I-XII (1871-1883); 3e série, I (1884), III-IV (1887), VII-XII (1891-1896); 4e série, I-XI (1897-1912) (tables par séries). — *Amsterdam*, 8°.   **8043**

Věstnik české Akademie Císare Františka Josefa pro vědy, slovesnost a umění..., X (1901) et s. — *Praze*, 8°.   **7356(6)**

Vie (la) automobile, IV-VI (1904-1906). — *Paris*, 4°.   **11851**

Vierteljahreschrift für wissenschaftliche Philosophie (1884-1897) — *Leipzig*, 8°.   **44649**

Wiskundig genootschap :
1° Wiskunstige verlustiging, I-II (1793-1795);
2° Mengelwerk van... verhandelingen, I-II (1796-1816);
3° Wiskunstig mengelwerk, I-II (1798-1802);
4° Wiskunstige oeffeningen, I-II (1806-1809);
5° Verzameling van voorstellen, I-II (1811-1815);
6° Verzameling van wiskundige voorstellen, I-VI (1820-1836);
7° Verzameling van nieuwe wiskundige voorstellen, I-II (1841-1846);
8° Verzameling van Wiskundige Opgaven, I-II (1850-1854);

9° Wiskundige Opgaven, I-IV (1855-1874); nouv. série, I-II (1875-1882);

10° Nieuwe wis- en natuurkundige Verhandelingen, I-II (1844-1854);

11° Verslagen van het verhandelde op de wetenschappelijke vergaderingen (1856);

12° Archief, I-III (1856-1874);

13° Reglement voor de Leden en Catalogus van de Boeken uitmakende de Boekerij;

14° Register (1818-1882); Amsterdam, 8°. **48452**

Pour la suite, voyez : *Nieuw Archief voor Wiskunde.*

Wochenschrift für klassische Philologie, I (1884) et s. — *Berlin*, 4°. **7263**

Zeitschrift des Vereins deutschen Ingenieuren, XLV (1901) et s. — *Berlin*, 4°. **7299**

Zeitschrift des Vereins für Volkskunde, I (1891) et s. — *Berlin*, 8°. **8249**

Zeitschrift für ägyptische Sprache und Alterstumskunde, I (1863) et s. — *Leipzig*, 4°. **7288**

Zeitschrift für analytische Chemie, I (1862) et s. (tables décennales). — *Wiesbaden*, 8°. **8244**

Zeitschrift für anorganische Chemie, I (1892) et s. — *Hamburg-Leipzig*, 8°. **8218**

Zeitschrift für Botanik, I (1909) et s. — *Iena*, 8°. **8379**

Zeitschrift für deutsche Wortforschung, I (1901) et s. — *Strassburg*, 8°. **8302**

Zeitschrift für die gesammte Kältindustrie, IX-XIII (1902-1906). — *München*, 4°. **11839**

Zeitschrift für Ethnologie, XXI-XXX (1889-1898) (table t. 1-20). — *Berlin*, 8°. **11845**

Zeitschrift für Kristallographie und Mineralogie, I (1877) et s. (tables décennales, table générale t. 1-50). — *Leipzig.*, 8°. **8233**

Zeitschrift für Mathematik und Physik, I (1856) et s. (suppl. au t. 24) (table t. 1-25). — *Leipzig*, 8°. **8112**

Zeitschrift für mathematischen und naturwissenschaftlichen Unterricht, I-XIV (1870-1883). — *Leipzig*, 8°. **48453**

Zeitschrift für neufranzösische Sprache und Literatur, I-XXVII (1879-1904) (suppl. 1-7). — *Oppeln*, 8°. **8195**

Zeitschrift für Numismatik, I (1874) et s. (tables décennales). — *Berlin*, 8°. **8225**

Zeitschrift für physikalische Chemie, Stöchiometrie und Verwandschaftslehre, I (1887) et s. (table t. 1-24, 25-50). — *Leipzig*, 4°. **8241**

Zeitschrift für praktische Geologie, I (1893) et s. — *Berlin*, 4°. **7378**

Zeitschrift für romanische Philologie, I (1877) et s. (Beihefte 1 et s.) (Bibliographie 1875 et s.) (table t. 1-30). — *Halle*, 8°. **8189**

Zeitschrift für Socialwissenschaft, VI (1903) et s. — *Berlin*, 8°. **8304**

Zeitschrift für vergleichende Sprachforschung, XXX (1890) et s. — *Gutersloh*, 8°. **8188**

Zeitschrift für wissenschaftliche Mikroskopie und für mikroskopische Technik, I (1884) et s. (tables t. 1-20). — *Braunschweig*, 8°. **8107**

Zeitschrift für wissenschaftliche Zoologie, I (1849) et s. (tables 1-60, 61-75). — *Leipzig*, 8°. **8072**

Zoologische Jahrbücher, I-II (1885-1886). Abt. für Systematik, Geographie und Biologie der Tiere, III (1887) et s. (table 1 à 20); Abt. für Anatomie und Ontogenie der Tiere, III (1887) et s.; Abt. für allgemeine Zoologie und Physiologie der Thiere, XXX (1911) et s., (suppl. I et s.) — *Iena*, 8°. **8198**

Zoologischer Anzeiger, I (1878) et s. (tables t. 1-15, 16-25, 26-30, 31-35...). — *Leipzig*, 8°. **8268**

Zoologischer Jahresbericht, ann. 1902 et s. — *Berlin*, 4°. **7316**

BORDEAUX. — IMPRIMERIES GOUNOUILHOU, RUE GUIRAUDE, 9-11.

LA
CRITICOMANIE,

OU

NOUVELLE GUERRE

AUX SPECTACLES.

www.ingramcontent.com/pod-product-compliance
Lightning Source LLC
Chambersburg PA
CBHW061324050726

47595CB00005B/1802